ERTRÄGE

Schriftenreihe der Bibliothek des Konservatismus

Band 3

AF286833

ERTRÄGE

Schriftenreihe der Bibliothek des Konservatismus

Herausgegeben von der
Förderstiftung Konservative Bildung und Forschung
Redaktion: Patrick Neuhaus

Band 3

Karlheinz Weißmann

Edgar J. Jung

*Zur politischen Biographie
eines konservativen Revolutionärs*

Förderstiftung Konservative Bildung und Forschung
Berlin

Satz: Oktavo, Syrgenstein
Gesetzt aus 10/14 Punkt Stempel Garamond
Gedruckt in Deutschland

Frontispiz: Edgar J. Jung, Fotografie von 1923
© Gedenkstätte Deutscher Widerstand

Die Deutsche Bibliothek verzeichnet diese Publikation in der
Deutschen Nationalbibliographie; detaillierte bibliographische Angaben
sind im Internet über http://dnb.ddb.de abrufbar.

© 2015 Förderstiftung Konservative Bildung und Forschung
Fasanenstraße 4, 10623 Berlin
www.fkbf.de
ISBN 978-3-9814310-4-9

Inhalt

Vorwort

Dieses Buch ist das Ergebnis einer mehrere Jahrzehnte andauernden Beschäftigung mit dem Leben und dem Denken Edgar Julius Jungs. Ohne Zweifel gehörte Jung nicht nur zu den Köpfen der »Konservativen Revolution« in den zwanziger und dreißiger Jahren, sondern auch zu den eindrucksvollsten Persönlichkeiten des deutschen Widerstands. Trotzdem ist er einer breiteren Öffentlichkeit kaum bekannt, eine umfassende Biographie gibt es bis heute nicht, viele seiner Texte sind nur noch schwer greifbar.

Dem soll mit dieser Veröffentlichung bis zu einem gewissen Grad abgeholfen werden. Sie umfaßt deshalb neben einer Darstellung des Lebenswegs und der Kernvorstellungen Jungs auch eine Reihe fast verschollener Quellen. Dazu gehören neben einer frühen Rede Jungs die von ihm formulierten »Volkskonservativen Grundsätze« und mehrere umfangreichere Texte zu Grundsatzfragen aus der kurzlebigen und weitgehend in Vergessenheit geratenen Zeitschrift *Die Laterne*. Schließlich wird hier zum erstenmal eine Denkschrift Jungs vom April 1934 publiziert, in der er seine Vorstellungen zur Neuordnung Deutschlands unter den Bedingungen des NS-Regimes konkretisiert hat.

Der Verfasser dankt der Förderstiftung Konservative

Bildung und Forschung (FKBF) für die Aufnahme dieses Buches in deren Schriftenreihe.

Göttingen, im Mai 2015
Karlheinz Weißmann

Karlheinz Weißmann

Edgar J. Jung
Zur politischen Biographie
eines konservativen Revolutionärs

Wann ist die Geschichte mit einer Person oder einer Sache oder einer Idee fertig? Wenn sie vergessen sind, lautet die naheliegende Antwort. Wenn niemand mehr an sie denkt, wenn die Impulse, die sie antrieben, die Grundlagen, die sie ausmachten, die Überlegungen und Leidenschaften, die sie bewegten, uninteressant werden oder unverstanden bleiben, wenn es keine »entzündenden Faktoren«[1] mehr gibt, die dafür sorgen, daß wir uns erinnern.

Das Nachdenken über das »kulturelle Gedächtnis« hat allerdings gezeigt, daß es sich bei Erinnern und Vergessen keineswegs um naturwüchsige Prozesse handelt. Das »kulturelle Gedächtnis« ist jedenfalls ein gemachtes, das heißt, es gibt Einflußnahmen, die dazu führen, daß etwas erinnert wird, das andere nicht, und die die Art und Weise bestimmen, in der das geschieht. Denn die Erinnerung hat mit Legitimation und Identität zu tun, des Individuums wie der Gemeinschaft. Vielleicht müßte man genauer sagen: das »kulturelle Gedächtnis« ist *auch* etwas Gemachtes, denn es gibt selbstverständlich immer die, die eine herrschende Erinnerung pflegen, dann die, welche die geforderte Erinnerung verweigern oder alternative Erinnerungen tradieren,

und schließlich gibt es noch eine Menge schwer kalkulier-
barer Faktoren, die dazu beitragen können, daß eine dominierende Erinnerung plötzlich ihre Bedeutung verliert und
eine andere, bis dahin verdrängte, an ihre Stelle tritt.

Als ich zum erstenmal auf Edgar Julius Jung stieß, schien
die Geschichte mit ihm fertig zu sein. Mit ihm als Person, mit der Sache, für die er stand, und mit der Idee, die
er vertrat. Abgesehen von ein paar Spezialisten kannte
niemand seinen Namen, seine Bücher lagen in den Anti-
quariaten unverkauft oder gingen für ein paar Mark über
den Tisch. Ein Grund dafür war auch, daß Ende der 1970er
Jahre die Generation, der Jung angehört hatte, von der öffentlichen Bühne abtrat. In der Nachkriegszeit gab es noch
den einen oder anderen, der sein Gedächtnis hochzuhal-
ten suchte,[2] darauf hinwies, daß Jung zu den Widerstands-
kämpfern der ersten Stunde und zu den Opfern des NS-
Regimes gehört hatte. Aber er paßte nicht in das offiziöse
Bild des deutschen Widerstands, das ohne politische Bezü-
ge auskommen sollte, die Tat edler Männer und Frauen, nur
von moralischen und religiösen Impulsen getrieben. Dann
setzte die massive Erforschung der Zeitgeschichte ein, was
das Befremden über Männer wie Jung und deren Weltanschauung nur verstärkte. Zwar sah selbst Martin Broszat
in ihm einen »Märtyrer der konservativen Fronde«,[3] aber
seine Motive trafen entweder auf Unverständnis oder höh-
nische Ablehnung: Bestenfalls hielt man Jung zugute, daß
er durch sein Beispiel das Urteil entkräftete, »der deutsche
Konservatismus habe als Ganzes gutgläubig oder gar vor-
sätzlich Hitler zur Macht verholfen«;[4] der Normalfall war
die herablassende Rede über dessen »verworrenes Ideal

eines autoritären Ständestaates mit christlicher Ideologie«,[5]
schlimmstenfalls folgte, daß Jung ein Opfer »verärgerter
Komplizenschaft«[6] geworden sei und am 1. Juli 1934 »von
seinesgleichen ermordet wurde«.[7]

Die Situation hat sich seitdem auf eine merkwürdige Art
und Weise verändert. Nicht nur, daß die Bücher Jungs vom
Antiquariatsmarkt verschwunden sind oder nur zu hohen
Preisen angeboten werden – sein Hauptwerk *Die Herrschaft der Minderwertigen* hat man in der zweiten[8] beziehungsweise dritten[9] Auflage nachgedruckt –, es gibt sogar
eine Übersetzung ins Englische,[10] und auch viele seiner programmatischen Aufsätze sind wieder greifbar.[11] Und neben
einer Reihe wissenschaftlicher Untersuchungen, die sich
ausschließlich[12] oder im Vergleich auf ihn und sein Denken beziehen,[13] existiert eine schwer überschaubare Menge
an deutschen, englischen, französischen, italienischen und
russischen Veröffentlichungen – auch und gerade im Netz –,
die sich sympathisierend mit Jung befassen.

Die Erklärung für diese Konjunktur liegt zum Teil in der
Bewunderung, die das Beispiel Jungs weckt,[14] der mit letzter
Konsequenz für das einstand, was er als richtig erkannt hatte, zum Teil in der Begeisterung für die Totalität seines Entwurfs eines »neuen Reichs«, aber sicher auch in der Wahrnehmung, daß hinter Jungs »konservativ-revolutionärem
Prinzip« eine zeitlos gültige Einsicht steht, daß nämlich nur
metaphysisch begründete, mithin überindividuelle »Werte«,
die tragfähige Grundlage einer Gemeinschaft bilden können:
»Der Trieb, diese um jeden Preis zu erhalten, kann konservativ genannt werden. [...] Soweit bisherige, allgemeingültige
Werturteile geeignet sind, eine falsche Einstellung zu jenen

höchsten Werten zu erzeugen, soweit sind wir für die ›Umwertung aller Werte‹. Ist diese Umwertung gleichbedeutend mit einer Umwälzung der Dinge, dann mag man uns revolutionär nennen. Unsere Rechtfertigung ist: daß man aus tiefstem Willen zur Erhaltung – zerstören muß.«[15]

Der Nachkrieg

Das »konservativ-revolutionäre Prinzip« lag für den gebildeten Deutschen der zwanziger und dreißiger Jahre nahe. Die Konservative Revolution als »faktisch dominierende Ideologie im Deutschland der Weimarer Zeit«[16] schlug viele der Jüngeren in Bann, die der Krieg geprägt hatte und die unter den Bedingungen des Nachkriegs zu »Protestlern«[17] geworden waren. Auch wenn sie eigentlich aus bürgerlichen Verhältnissen stammten, einte sie die Überzeugung, daß das Joch des Versailler Vertrags abgeschüttelt und das »westliche« System des Parlamentarismus durch ein »deutsches« – die »organische Demokratie«, den »autoritären Staat« – abgelöst werden müsse, daß es daneben aber auch nötig sei, die Nation zu regenerieren und den Kontinent aus der Dekadenz zu retten, deren Ursachen bis ins 19. Jahrhundert zurückreichten, die »gute alte Zeit« eines naiven Konservatismus, von der diese konservativen Revolutionäre nichts wissen wollten, überzeugt, wie Jung festhielt, daß schon lange die »Grundrichtung verlorengegangen ist«, daß man es nur noch mit einer »unlebendigen Überlieferung« zu tun habe, außerstande die Frage nach dem »Sinn des Lebens«[18] zu beantworten.

Jung kam am 6. März 1894 in Ludwigshafen zur Welt. Seine Vorfahren entstammten dem evangelischen Bauerntum der Pfalz, der Vater Wilhelm Jakob Jung war zum Zeitpunkt der Geburt als Oberlehrer an einem Lyzeum tätig. Die gesicherte Existenz ermöglichte Jung nach dem Abitur 1912 die Aufnahme eines Studiums. Nur kurz schwankte er zwischen Musik – Jung war ein begabter Pianist – und Rechtswissenschaft und ging dann ins schweizerische Lausanne, um sich an der juristischen Fakultät zu immatrikulieren; allerdings hörte er dort auch bei dem berühmten Ökonomen und Sozialtheoretiker Vilfredo Pareto.[19] Unmittelbar nach Kriegsausbruch kehrte Jung in die Heimat zurück. Wie so viele meldete er sich freiwillig, trat in das 3. Bayerische Chevaulegers-Regiment ein,[20] kam an der Westfront zum Einsatz, wurde 1917 zur Feldartillerie versetzt und diente zuletzt in der Luftwaffe an der lothringischen Front. Bei Kriegsende wurde er als Leutnant der Reserve aus dem Heeresdienst entlassen.

Jung gehörte damit zur großen Zahl der Kriegsteilnehmer, die von den Fronten zurückkehrte und die politische wie gesellschaftliche Situation in Deutschland vollkommen verändert fand. Auch seine Reaktion auf diese Lage war in vieler Hinsicht typisch und deutete sich in den wenigen Texten, die er während des Krieges geschrieben – aber nicht publiziert – hatte, an. Offensichtlich kannte Jung die wichtigen Topoi bürgerlicher Zeitkritik und teilte die dahinterstehenden Anschauungen.[21] Auch das spätere Urteil, zwischen Kaiserreich und Republik bestehe nur ein »Gradunterschied«[22] des Verfalls, dürfte sich damals vorbereitet

haben. Das Ende der Monarchie ließ Jung jedenfalls kalt,
weil er es auf das Versagen des Kaisers und »innere Schwäche«[23] zurückführte.

In einer Rundfunkansprache, die am 19. Oktober 1932
ausgestrahlt wurde, meinte Jung rückblickend: »Ich gehöre
zu jener Generation, die zwar das Vorkriegs-Deutschland
noch bewußt erlebte, von ihm aber keine innere Prägung
erfuhr. [...] Immerhin war ich wie viele Altersgenossen
schon vor dem Kriege gewissermaßen revolutionär dis-
poniert. Der Krieg wurde dann zum gestaltenden Ereig-
nis meines Lebens; allerdings nicht in dem Sinne, daß sich
schon auf den Schlachtfeldern Flanderns ein neues Lebensgefühl gebildet, neue Ziele gezeigt hätten. Der Formungs-
prozeß geschah vielmehr auf der Ebene des Unbewußten.
Die Geburtsstunde eines neuen Weltbildes war für mich
die grauenhafte Zeit des Niederbruches der Fronten, der
November-Revolution und die Besetzung meiner Heimat.
[...] Es war nicht nur der mangelnde Widerstand gegenüber
dem Diktat unserer Feinde, nicht nur die vollkommene
Auslieferung des Staates an eine mittelmäßige Parteibüro-
kratie, die uns abschreckten. Entscheidendes Erlebnis wurde für uns vielmehr die gänzlich unheroische Haltung des
sogenannten neuen Geistes, der über Deutschland kam;
das Versinken in materieller Zielsetzung, das Waten in dem
seichten Sumpfe eines irdischen Glücksidols, welches uns
jede wahre Menschlichkeit zu verraten schien. Und endlich die mangelnde Unterscheidung zwischen edel und ge-
mein, die dazu führte, daß alle großen Menschenwerte, wie
Einsatz, Opfer, Anständigkeit, in dem großen Brei versan-
ken.«[24] Auch dieses Urteil entsprach in vielem dem der bür-

gerlichen Eliten und vor allem dem der akademisch gebildeten jungen Generation.

Jung hatte nach der Rückkehr sein Jura-Studium an den Universitäten Würzburg und Heidelberg wieder aufgenommen, hörte nebenher Literaturwissenschaft bei Friedrich Gundolf und Philosophie bei Heinrich Rickert. 1920 schloß er sein Studium mit der Promotion zum Dr. iur et rer. pol. ab. 1922 heiratete er Wilhelmine Küffner, die Tochter eines Brauereibesitzers, legte das Assessorexamen ab und arbeitete danach in der Saarbrücker Kanzlei des Rechtsanwalts Albert Zapf. Während dieser Zeit nahm er allerdings auch aktiv an den Kämpfen des Nachkriegs teil. Bereits 1919 war Jung in das Freikorps Epp eingetreten, das die Räteherrschaft in München niederschlug. Gleichzeitig wurde er politisch aktiv in den Reihen der nationalliberalen Deutschen Volkspartei (DVP). Wenn Jungs politische Haltung in dieser Phase als »reformwilliger Liberalismus nationaler Prägung« bezeichnet wurde, erscheint das durchaus glaubwürdig.[25] Der Akzent lag dabei allerdings auf der »nationalen Prägung«, und es kam Jungs Vorstellungen sicher gelegen, wenn die DVP gelegentlich als »Vereinigte Nationale Rechte« antrat. Ausschlaggebend für seinen Parteieintritt dürfte gewesen sein, daß Zapf Reichstagsabgeordneter der DVP war und die DVP eine wichtige Rolle im Widerstand gegen die französische Besetzung der heimatlichen Pfalz spielte. Mit Unterstützung der DVP bildete Jung eine Geheimorganisation, den »Rheinisch-Pfälzischen Kampfbund«, der am 9. Januar 1924 den Präsidenten der separatistischen »Pfälzischen Republik«, Franz Josef Heinz, genannt Heinz-Orbis, in Speyer liquidierte. Später wurde deswegen eine

Untersuchung gegen Jung eingeleitet, die allerdings keine weiteren Folgen hatte, da die Behörden im Reich Orbis des Hochverrates angeklagt hatten und seine Erschießung als »Selbsthilfe durch Gewalt«[26] betrachteten. Man hat, um diese Vorgänge richtig werten zu können, in Rechnung zu stellen, daß das Ineinander von amtlicher Maßnahme und privater Initiative, kontrollierter wie unkontrollierter Aktivität, offen oder verdeckt, das Zusammenspiel von Militär, Geheimdiensten, Milizen und Partisanen zu den typischen Kennzeichen der revolutionären Übergangsphase nach dem Sturz des Kaiserreichs gehörten.

Als die endete, erkannte Jung immer deutlicher, daß er seine politische Heimat noch nicht gefunden hatte. In der DVP-Pfalz stießen seine Vorstellungen von der notwendigen Modernisierung der Parteiarbeit auf wenig Gegenliebe. Man erlaubte ihm zwar, Jugendgruppen aufzubauen und das Schulungswesen zu reorganisieren, aber sonst blieb kein Spielraum. Jung konnte lediglich breite Erfahrung als Redner sammeln. Zwischen 1920 und 1922 hielt er mehr als fünfzig Ansprachen vor Jugendgruppen und Studenten, aber auch vor Arbeitern. Dann schlugen zwei Kandidaturen zum Reichstag im Jahr 1924 fehl, da er nach seiner Ausweisung aus der Pfalz durch die französischen Besatzungsbehörden (wegen seiner Agitation, die Verwicklung in das Attentat auf Heinz-Orbis war nicht bekannt) kaum noch vor Ort aktiv sein konnte. So schwand sein Einfluß, und nach der Zustimmung der Volkspartei zum Vertrag von Locarno, durch den die deutsche Westgrenze anerkannt wurde, ging Jung auf Distanz. Er pflegte zwar weiter die Kontakte, die sich ihm hier eröffneten, vor allem zu Wirtschaftskreisen, hielt aber nur pro forma bis 1930 an der Mitgliedschaft fest.[27] Zu dem Zeitpunkt hatte er sich längst entschlossen, jede Parteiarbeit im traditionellen Sinn zu meiden, auch die Tätigkeit als Rechtsanwalt – Jung war mittlerweile in eine Münchener Kanzlei eingetreten – nur unter dem Gesichtspunkt des Broterwerbs zu betreiben und seinen Platz dort zu suchen, wo man »die geistigen Vorbedingungen einer deutschen Wiedergeburt«[28] schuf.

Jungs Haltung in dieser Zeit war auch nach zeitgenössischen Maßstäben »nationalistisch«. Für kosmopolitische Ideen blieb schon in seinem Liberalismus kein Platz. Bei einer öffentlichen Kundgebung während der Pfalz-Besetzung hatte er ganz im Stil eines Arndt oder Jahn ausgerufen: »Deutsch sein heißt Frankreich hassen«,[29] und im Rückblick meinte er, die »studentische Gegenrevolution«, getragen von den Freikorps, habe es 1919 versäumt, »in einem Bündnis mit den idealen Kräften des Proletariats«[30] die wirkliche Revolution herbeizuführen und eine neue Ordnung zu schaffen. Die Zurechnung Jungs zum nationalistischen Lager scheint allerdings im Widerspruch zum üblichen Urteil zu stehen, daß er der »maßgebende Vertreter der Jungkonservativen«[31] gewesen sei. Denn die Nationalisten oder Nationalrevolutionäre bildeten nach landläufiger Meinung eine von den Jungkonservativen deutlich getrennte Denkfamilie der Konservativen Revolution. Die Jungkonservativen wollten zwar die »Ablehnung des Massen- und Parteienstaats der westeuropäischen Demokratie« und »eine ständisch-korporative Gesellschaftserneuerung, das unabhängige, verantwortliche und persönliche Führertum im staatlichen Leben«,[32] aber innerhalb der Weimarer Rechten

galten sie als Gemäßigte, auch weil sie die Verbindung zu
den etablierten Kräften nie ganz abreißen ließen.

Die scharfe Scheidung zwischen Nationalisten und Jungkonservativen wird allerdings unhistorisch, wenn man die
innere Entwicklung des konservativ-revolutionären Lagers übersieht. Bis zur Mitte der zwanziger Jahre hätte
kaum einer der wichtigsten Vertreter der Jungkonservativen – Arthur Moeller van den Bruck, Heinrich von Gleichen, Eduard Stadtler, Karl Christian von Loesch oder Max
Hildebert Boehm – die Bezeichnung »Nationalist« abgelehnt. Das hing ganz wesentlich mit der krisenhaften Zu-
spitzung nach der »sogenannten Revolution von 1918«[33]
und der Wahrnehmung einer dramatischen Bedrohung von
Volk und Staat zusammen, die radikale Maßnahmen unaus-
weichlich zu machen schien.

Aber auch wenn Jung seine Weltanschauung damals als
»neuen Nationalismus«[34] bestimmte und davon sprach, es
gehe ihm darum, »die Ideologie, die wir im Krieg nicht hatten, nachträglich herauszuarbeiten«,[35] bleibt zu betonen,
daß er keine Sympathie für Pläne zur totalen gesellschaftlichen Umgestaltung hatte, wie sie die »Soldatischen Nationalisten« als Anhänger eines Franz Schauwecker und der
Brüder Jünger verfochten. Er war immer wesentlich moder-
nitätsskeptischer als diese Männer und stand einer Ostori-
entierung der Außenpolitik, die zum Programm der »Na-
tionalbolschewisten« Ernst Niekisch und August Winnig
gehörte, ablehnend gegenüber.

Seine politische Heimat fand Jung tatsächlich schon zu
Beginn der zwanziger Jahre in den Kreisen der jungkonservativen Intelligenz. Er gehörte zum Berliner »Montags-

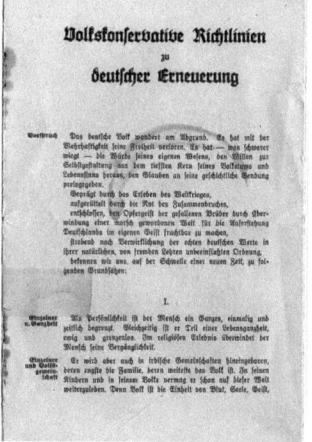

Ausgewählte Schriften zum politischen Wirken Edgar J. Jungs

tisch«, einer Diskussionsrunde, an der sich unter anderem
Moeller van den Bruck, Hans Blüher, Albrecht Haushofer,
Theodor Däubler und Max Scheler beteiligten, und besuch-
te Veranstaltungen des legendären Juni-Clubs in der Motz-
straße 22. Über den Deutschen Hochschulring, der seine
Arbeit in der Pfalz unterstützt hatte, kam er außerdem in
Verbindung mit der Ring-Bewegung, die die Tradition des
Juni-Clubs fortsetzte. Später galt sein besonderes Interesse dem Deutschen Schutzbund Karl Christian von Loeschs,
der sich in erster Linie mit den Problemen der Grenz- und
Auslandsdeutschen beschäftigte. Von ganz anderer Art und
besonders nachhaltig war aber der Eindruck, den das Werk
und die Persönlichkeit Oswald Spenglers[36] auf ihn machten.
Dabei ging es weniger um dessen *Untergang des Abendlandes*, stärker um die Schriften, in denen Spengler zu aktuel-
len Fragen Stellung nahm und vor allem dessen Rede über
die »Politischen Pflichten der deutschen Jugend«. Spengler
hatte die Ansprache am 26. Februar 1924 vor dem Hochschulring in Würzburg gehalten. Der Zeitpunkt war nicht
ohne Bedeutung: wenige Monate nach dem Abbruch des
Ruhrkampfes und dem Scheitern des Hitler-Ludendorff-
Putsches, Ereignisse, die das Ende des Nachkriegs signa-
lisierten. Die »Kapitaldemokratie«, wie Jung sagte, schien
bis auf weiteres »in den Sattel gesetzt«,[37] und jede Erwartung der politischen Rechten, es werde zu einer raschen Änderung der Gesamtlage kommen, zerschlagen. Angesichts
dessen hatte Spengler gemahnt, nationale Politik nicht länger »als eine Art Rausch« zu verstehen: »Die Jugend«, hieß
es bei ihm weiter, »begeisterte sich in Masse an Farben und
Abzeichen, an Musik und Umzügen, an theatralischen Ge-

lübden und dilettantischen Aufrufen und Theorien. Ohne Zweifel werden die Gefühle dabei befriedigt, aber Politik ist etwas anderes.«[38] Deshalb solle man sich auch von den »Trommlern und Pfeifern«[39] fernhalten – Spengler meinte Hitler, ohne ihn zu nennen – und an die notwendige Vorbereitung des Neuen gehen, eine Arbeit, die Nüchternheit und Disziplin erforderte.

Jung betrachtete seine eigene »Metapolitik«[40] als Versuch, aus Spenglers Forderung die Konsequenz zu ziehen – im Sinne eines dynamischen Konservatismus, der, frei von jedem »rückschrittlichen Zug«,[41] dem »konservativ-revolutionären Prinzip« folgen würde.

Die Herrschaft der Minderwertigen

»Konservativ-revolutionäres Prinzip« war ein Schlüsselbegriff in jenem Buch, das Jung mit einem Schlag bekannt machen sollte: *Die Herrschaft der Minderwertigen.* Der Titel des 1927 erschienenen Werkes nahm selbstverständlich Bezug auf Nietzsches »Umwertung aller Werte«,[42] und der Inhalt war stark durch Dekadenzwahrnehmungen geprägt,[43] aber Jung sprach nur vom »angeblichen abendländischen Untergang«.[44] Für ihn stand die Idee der Regeneration ganz im Mittelpunkt, was auch die Berufung auf die Dichtung Stefan Georges und dessen Vision des »neuen Reiches« erklärt, ein Synonym für Jungs Plan zur Schaffung eines »neuen deutschen Menschen«,[45] der die »Neubildung der Gesellschaft«[46] wie den »Neubau des Staates«[47] in Angriff nehmen würde.

Trotz der Verwendung des Begriffs »Nationalismus«
wird man sagen können, daß Jungs Argumentation typisch
für die Jungkonservativen der Zeit war. In vieler Hinsicht
bot die *Herrschaft* so etwas wie ein Kompendium ihrer Ide-
en, bezog sich auf Werner Sombarts Analyse des Kapitalismus genauso wie auf Winnigs Ideen zur Eingliederung der
Arbeiterschaft und Othmar Spanns Entwurf eines Ständestaates, auf Ferdinand Tönnies' Unterscheidung von Gemeinschaft und Gesellschaft oder auf Robert Michels' und
Paretos Theorien zur Elitebildung. Entscheidend war aber,
daß im Zentrum die Kampfstellung gegenüber dem stand,
was Jung als »Liberalismus« apostrophierte: eine wirklich-
keitsfremde Anschauung der Dinge und der Menschen, die
auf den »Ideen von 1789« fußte und mit Individualismus
und Egalisierung eine Welt heraufgeführt hatte, in der die
Unfähigen – die »Minderwertigen« – an die Spitze traten
und jede große Ordnung zerstörten.

Mit der Veröffentlichung der *Herrschaft der Minderwertigen* wollte Jung allerdings nicht nur Anteil an der »Revolution des Geistes«[48] nehmen, die der politischen Revolution vorarbeitete, er erhob darüber hinaus den Anspruch, die
maßgebliche »neue konservative Ideologie«[49] geschaffen zu
haben, vielleicht sogar das »Gegenstück zum Kommunisti-
schen Manifest«[50] und ein Buch, das »für ein Jahrhundert
die Grundlinie bestimmen will«,[51] mindestens aber eine
»Sammelparole«,[52] geeignet, die verschiedenen Gruppen,
Bünde und sogar die junge Generation in den Parteien zu-
sammenzufassen zu einer breiten und einheitlichen konservativ-revolutionären Bewegung.

Das mußte nach Lage der Dinge als Versuch betrachtet

werden, das Erbe Moeller van den Brucks anzutreten, der sich 1925 das Leben genommen hatte. War die Position des »heimlichen Königs« der Jungkonservativen durch den Tod Moellers unbesetzt, stand doch die Bereitschaft ihres »Kanzlers«, Heinrich von Gleichen, Jungs Leistung anzuerkennen, unter Vorbehalt.[53] Jung hatte nur zum weiteren Umkreis des Juni-Clubs gehört, der ersten von Gleichen geschaffenen Organisation, und hielt Distanz zu dessen Nachfolger, dem Herrenklub. Er war zwar Mitglied, aber seine Sympathie gehörte dem Volksdeutschen Klub, der den Nachwuchs sammelte und in einer gewissen Konkurrenz zum Herrenklub stand. Vor allem konzentrierte er sich aber auf seine eigene Schöpfung, den Jungakademischen Club mit Sitz in München.[54] Gleichen seinerseits konnte einen Führungsanspruch schon deshalb erheben, weil er die einflußreichste Zeitschrift der Jungkonservativen, *Der Ring*, herausgab und sich sehr erfolgreich um Kontakte zu Führungskreisen der Politik, der Wirtschaft und des Militärs bemühte. Ihm ging es je länger je weniger um Theoriebildung, stärker darum, praktisch einzugreifen. Daran, daß die *Herrschaft* geeignet war, eine Entwicklung in diese Richtung zu fördern, zweifelte er. In einer ausführlichen Besprechung für den *Ring* kritisierte Gleichen vor allem zwei Punkte: die Gefahr, daß die Rede von den »Minderwertigen« einseitig biologisch mißverstanden werden könnte, und die Fixierung auf die Antithese Monarchie oder Republik, anstelle von Staat oder Anarchie.[55] Allerdings hielt diese Verstimmung nicht an.[56] Das Verhältnis blieb zwar kühl,[57] aber Gleichen bemühte sich um Entspannung, und Jung erklärte, man könne von

einem »gemeinsamen Grundgefühl«[58] ausgehen. Beide
sprachen sich im Fall von Vorträgen ab, die sie vor densel-
ben Vereinigungen hielten, um den Eindruck des Konsens
zu verstärken.[59]

Ganz uneigennützig war dieses Verhalten von keiner Seite. Gleichen hatte offenbar relativ rasch erfaßt, daß Jung ein
breites publizistisches Spektrum offenstand – von der *Deutschen Rundschau* über die *Süddeutschen Monatshefte* bis zu
den Tageszeitungen *Münchener Neueste Nachrichten* sowie *Rheinisch-Westfälische Zeitung* – und er ein nicht unbe-
trächtliches Geschick besaß, die jungkonservative Klub-Be-
wegung in seinem Sinn zu beeinflussen. Jung verfügte über
rhetorisches Talent – der Dichter Rudolf Borchardt nannte
seinen Freund »im höchsten Maasse [sic] rede- und federge-
wandt«[60] – und Charisma, außerdem verschaffte ihm eine
regelmäßige Zuwendung aus Industriellenkreisen die nö-
tige finanzielle Bewegungsfreiheit, ohne daß der Eindruck
entstand, er betreibe kapitalistische Propaganda.[61] Jung un-
terzuordnen gelang Gleichen jedenfalls nicht. Eher einigte
man sich auf wohlwollendes Nebeneinander. Das erklärt
auch, warum der *Ring* im Herbst 1929 einen Vorabdruck
der zweiten Fassung der *Herrschaft der Minderwertigen*[62]
brachte, Jung aber nur selten Gelegenheit erhielt, seine Auf-
fassungen der Leserschaft zu präsentieren.

Hatte Jung mit der *Herrschaft* ursprünglich versucht, auf
dreihundert Seiten eine möglichst umfassende (zum Teil
mit fachkundiger Hilfe erarbeitete) Analyse aller Teilberei-
che des gesellschaftlichen Lebens zu geben und die notwendigen Veränderungen zu skizzieren, empfand er doch rasch
ein gewisses Ungenügen an seinem Buch. Deshalb arbeitete

© Gedenkstätte Deutscher Widerstand

Edgar J. Jung, Fotografie von 1928

Die Herrschaft der Minderwertigen, 2. Aufl., Berlin 1930, Schutzumschlag

er die erste Fassung in den folgenden beiden Jahren um und veröffentlichte 1930 eine neue Version, die fast auf den doppelten Umfang angewachsen war. Bemerkenswerter als diese Äußerlichkeit sind die inhaltlichen Änderungen, die er vornahm. Sprach er in der ersten Ausgabe noch von der Notwendigkeit eines »neuen Nationalismus«, so stand jetzt die »Reichsidee« im Zentrum der politischen Konzeption: »Neuordnung, beginnend mit dem mittleren, nahöstlichen und nahsüdöstlichen Raum und von dort zu den Rändern fortschreitend, in der Form eines europäischen Staatenbundes.«[63]

Jung hatte schon früher betont, »daß Europa es war, das den Weltkrieg in seiner Gesamtheit verloren hatte«,[64] was die Einsicht erleichterte, daß es nicht darum gehen könne, Deutschland allein im Blick zu haben, und daß nicht die jakobinische »Nation«, sondern das »Volk« die Grundlage politischer Bildungen auf dem Kontinent sein müsse; eine Vorstellung, die in erster Linie durch die »Volkstheorie« Boehms in jungkonservativen Kreisen starke Verbreitung gefunden hatte: »So bleibt der Tatbestand übrig«, schrieb Jung, »daß es keine deutsche Nation gibt, allenfalls bis 1870 eine preußische Nation gab.«[65] Seine ursprüngliche Forderung, daß »die Schaffung einer deutschen Nation und eines ihr angemessenen Staates«[66] das Hauptziel der politischen Arbeit sein müsse, korrigierte er jetzt dahin, daß der Rekurs auf die Nation als Endziel eine Verfehlung des Sinns der deutschen Geschichte bedeute.

Dieser Wandel seiner Einschätzung erklärt sich vor allem daraus, daß die zweite Fassung der *Herrschaft* noch stärker als die erste unter dem Einfluß des »Universalismus« stand, den der Wiener Ökonom und Philosoph Othmar Spann vertrat.[67] Jung teilte Spanns Vorstellung, daß an einen Wiederaufbau im Grunde nur zu denken war, wenn ein neues »Wertgefühl«[68] durchgesetzt werden könne, das sich in der »Suche nach einer neuen Ganzheit«[69] äußere. Von Spann übernahm Jung nicht nur die Bewunderung für die – angebliche – Harmonie der mittelalterlichen Gesellschaftsordnung,[70] sondern auch die Vorstellung von »Stand« und »Genossenschaft« sowie die Konzeption eines gestuften Wahlrechts,[71] das im hierarchischen und von einer Elite geführten »organischen Staat«[72] die »Wechselwirkung von oben und unten«[73] sichern sollte. Der Staat selbst war nichts von den Korporationen Abgelöstes, sondern »Höchststand«,[74] das heißt, Jung suchte keineswegs eine nur-technische Möglichkeit zur Reorganisation der Gesellschaft, sondern ein ganzheitliches Konzept, das der »kosmischen Ordnung«[75] entsprechen sollte und letztlich nur religiös zu legitimieren war. Hatte er schon in der ersten Fassung der *Herrschaft* die Notwendigkeit einer christlichen Erneuerung hervorgehoben, inspirierten ihn jetzt die geschichtsphilosophischen Entwürfe Leopold Zieglers[76] und Nikolai Berdjajews, die beide davon überzeugt waren, daß ein »neues Mittelalter« die aufklärerische Moderne ablöse, infolge jener Konservativen Revolution, die »Gott einen neuen Altar errichten werde«.[77]

Einsatz

Von der ersten Fassung der *Herrschaft* waren binnen kurzer Zeit 5000 Exemplare abgesetzt worden, die zweite war

1929 so rasch vergriffen, daß im folgenden Jahr ein Nachdruck erschien und so schließlich weitere 8000 Stück ver-
kauft werden konnten. Angesichts des Charakters des
Buches und der schwierigen Finanzierung, die ohne Unterstützung des Industriellen Paul Reusch kaum möglich
gewesen wäre,[78] darf man von einer bemerkenswerten Resonanz sprechen.[79] Auch das erklärt, warum private wie öffentliche Stellungnahmen Jungs in dieser Phase von einem
gewissen Optimismus zeugen. Zwar mußte er sich damit
abfinden, nach wie vor keine angemessene Stellung zu haben, um auf das Geschehen direkten Einfluß zu nehmen,[80]
aber seine Aktivitäten waren finanziell abgesichert durch
die Hilfe Reuschs und des ehemaligen Reichskanzlers Hans
Luther, dessen »Bund zur Erneuerung des Reiches« sich
immer stärker in eine konservativ-revolutionäre Vorfeld-
organisation verwandelte.[81] Daß die Weimarer Republik in
Agonie lag, betrübte Jung selbstverständlich nicht, sondern
beflügelte seine Vorstellung, daß es an der Zeit sei, jene »heroische Minderheit konservativ-revolutionärer Prägung«[82]
zum Einsatz zu bringen, als deren Repräsentanten er sich
betrachtete.

Grundsätzlich bestand in dieser Frage auch Konsens
zwischen Jung und Gleichen, der auch zu der Auffassung
gekommen war, daß es nicht mehr genüge, wenn man
»nur schreibt und redet und nicht zum effektiven politischen Handeln kommt«.[83] Allerdings verband Gleichen
diese Einsicht mit der Behauptung, daß die »Parole kon-
servativ-revolutionär«[84] für die praktischen Erfordernisse
ungeeignet sei. Diese Auffassung teilte Jung ausdrücklich
nicht. Vielmehr glaubte er, daß die Losung unter den ge-

gebenen Umständen eine besondere Anziehungskraft gewinnen könnte.

Einen gewissen Anhalt fand er für diese Einschätzung in
der Gründung der Volkskonservativen Vereinigung (VKV),
die am 28. Januar 1930 als »überparteiliches Sammelbecken
junger Kräfte auf der Rechten«[85] gebildet worden war. Die
VKV entsprach nicht nur gewissen Hoffnungen Jungs, sondern vieler Konservativ-Revolutionärer auf Formierung
einer neuen politischen Kraft, die ihren programmatischen
Ideen entsprach. Der Eintritt des Vorsitzenden der VKV,
Gottfried Treviranus, in das Kabinett Brüning, das nach
dem Scheitern der letzten Regierung auf parlamentarischer
Mehrheit gebildet worden war, fand zwar keine allgemeine
Billigung, aber der Gedanke, mit Hilfe der Autorität des
Reichspräsidenten Hindenburg und des »Diktaturartikels«
48 eine Transformation der Verfassung herbeizuführen,
schien einen denkbaren Weg zu eröffnen, um zu einer politischen Neuordnung zu kommen. Jung schrieb damals an
seinen Freund Ziegler, es gehe letztlich um ein »raffiniertes
System der Verfassungsverletzungen […], an dessen Ende
neue Männer und der neue Staat steht.«[86]

Im Kern bestand die VKV aus einem Dutzend Reichstagsabgeordneter, die die DNVP aus Protest gegen den
Hugenberg-Kurs verließen; im Juli 1930 schloß sie sich
mit der doppelt so starken Westarp-Gruppe,[87] die gleich-
falls, wenn auch aus anderen Motiven, den Deutschnatio-
nalen den Rücken gekehrt hatte, zur Konservativen Volkspartei (KVP) zusammen. Bezeichnend ist, daß Gleichen
und *Der Ring* Distanz zur VKV hielten, während Jung den
Volkskonservativen beitrat. Die Partei bekannte sich so-

gar offen zu seinem Gedankengut.[88] Trotzdem blieb Jung
ein »Außenseiter«.[89] Schon die Zusage von Treviranus, ihm
die Verantwortung für die Propaganda zu übertragen, wurde nicht gehalten,[90] und rasch geriet er in Konflikt, nicht
nur mit den »Reaktionären« um Westarp,[91] sondern auch
mit den einflußreichen Vertretern des Deutschnationa-
len Handlungsgehilfen-Verbandes (DHV) innerhalb der
VKV. Der DHV war eine mächtige und finanziell poten-
te Richtungsgewerkschaft der Angestellten und verfügte
schon deshalb über ein anderes Gewicht in der Partei als
der Rechtsintellektuelle ohne Hausmacht. Das Scheitern der
KVP bei den Septemberwahlen 1930 – man erlangte nur vier
Mandate – hatte aber wenig mit diesen Konflikten zu tun,
eher mit den Spannungen zwischen dem Monarchismus der
Anhänger Westarps, der Absicht der Mehrheit, eine »neue
staatsbejahende republikanische Rechte«[92] zu bilden, und
der Vorstellung, eine außerparlamentarische Massenbewegung in Konkurrenz zu Nationalsozialisten und Kommu-
nisten schaffen zu müssen, die Jung favorisierte.

Immerhin überlebten die Volkskonservativen den Zusammenbruch der KVP, und im März 1931 wurde Jung
Mitglied ihres Exekutivorgans, des »Führerrings«. Aber
seine Forderung, die VKV in »revolutionär-konservative
Bewegung«[93] umzubenennen, stieß auf ebensowenig Resonanz wie das Verlangen, die Reichsregierung nur aus
»staatspolitischen Gründen« zu stützen, und bloß dann,
wenn sie »eine Reformregierung ist und den Abbau des
heutigen Systems betreibt«.[94] Die von Jung in dieser Phase erarbeiteten »Volkskonservativen Richtlinien zu deutscher Erneuerung«[95] zeigen auch, wie weit er trotz seiner

Einsatzbereitschaft von der tagespolitischen Realität entfernt war. Anders ist es jedenfalls nicht zu werten, daß Jung hier tatsächlich eine Art Kürzestfassung[96] seiner Weltanschauung lieferte, die, von der »Ganzheit« des Kosmos und der menschlichen Person ausgehend, zur Forderung nach Schaffung eines »wahren Freiheitsstaates« kam, der nicht nur die Erneuerung Deutschlands und Europas vorbereiten, sondern auch wahres »Weltbürgertum« ermöglichen sollte.

Es überrascht nicht, daß Jung sich das Erreichen seiner Ziele nach wie vor nur mit Hilfe einer »geistig-politischen Bewegung« vorstellen konnte, die als »totale Reformbewegung« die »gesamten Lebensfunktionen« umfassen mußte. Das Neue, das Jung vorschwebte, jenseits von Bund oder Partei, hätte nur der Kanalisierung der konservativ-revolutionären Impulse dienen und sich im Augenblick der Machtübernahme überflüssig machen sollen, um der eigentlichen staatsmännischen Arbeit Raum zu geben, die nie von den vielen, sondern nur von jenen wenigen getan werden könne, die ihre »seelisch-aristokratische Haltung«[97] auszeichne.

Immerhin erreichte Jung, daß der bayerische Landesverband der VKV die Bezeichnung »Konservative Kampfgemeinschaft« tragen durfte,[98] was schon ein starkes Indiz dafür war, daß er mit der Umbenennung die Ausrichtung in seinem Sinn einleiten wollte. Die Kampfgemeinschaft war aber viel zu schwach, um den Kern der von Jung erhofften »Neuen Front«[99] zu bilden. Im Sommer 1931 muß auch Jung zu dieser Einsicht gekommen sein.[100] In einem offenen Brief, den er am 17. August 1931 »an 100 führende Männer des politischen, wissenschaftlichen, literarischen und wirtschaftlichen Lebens aus dem nationalen Lager« verschickte, ging es ihm deshalb eher defensiv um die Warnung, daß für den Fall von Brünings Sturz die »national-revolutionäre Entwicklung« zu einem Zeitpunkt eingeleitet werde, »da ein Erfolg der nationalen Revolution sowohl sachlich wie auch personell im Zweifel steht«.[101]

Trotzdem ist wichtig festzuhalten, daß die Fehlschläge Jung niemals an seiner Vorstellung irremachten, er müsse durch persönlichen Einsatz dem »Neuen Staat« den Weg bereiten. Viele derjenigen, die ihn kannten, betonten, daß er »ein Mann von großen Gaben«[102] sei, doch eigenwillig bis an die Grenze des Starrsinns und geneigt, sogar Wohlwollende durch sein brüskes Auftreten zurückzustoßen. Ein Weggefährte sprach davon, Jung sei »von einem inneren Muß geradezu besessen«[103] gewesen, einer seiner engsten Freunde, Rudolf Pechel, nahm »dämonische« Züge an ihm wahr.[104] Pechel gab seit 1919 die *Deutsche Rundschau* heraus, die neben *Gewissen* beziehungsweise *Ring*, dem *Deutschen Volkstum* und der *Europäischen Revue* zu den wichtigsten jungkonservativen Organen der Weimarer Zeit gehörte, aber eher als Forum, nicht als Programmzeitschrift fungierte. Pechel stellte Jung die *Rundschau* regelmäßig zur Verfügung und brachte in seinem Verlag auch *Die Herrschaft der Minderwertigen* heraus. Er gehörte zu den einflußreichsten Köpfen des Netzwerkes der rechten Intelligenz in der Weimarer Republik und bahnte für Jung außerdem die erwähnten Kontakte zu Kreisen der Industrie an. Mit Jung teilte er weiter die Besorgnis angesichts des rasanten Aufstiegs der NSDAP, jenes Vorgangs, den der gemeint hatte, als er vor einer »nationalen Revolution« zur Unzeit warnte.

Der Siegeszug Hitlers kulminierte bei den Reichstags-

wahlen im Juli 1932. Wahrscheinlich hatte Jung bis dahin
mehr Hoffnung als andere auf den »jungkonservativen Zen-
trumspolitiker«[105] Brüning gesetzt, sah dessen Scheitern
aber doch als notwendig an: »Brüning hat – und das ist seine
historische Rolle – liquidiert«.[106] Jung vermißte bei ihm die
letzte Entschlossenheit, die notwendig war, um den oben
skizzierten Plan durchzuführen und mit Deckung Hindenburgs eine Transformation des Systems zu erreichen. Jung
stützte zwar noch die zweite Kandidatur Hindenburgs als
Reichspräsident im Sommer des Jahres und kritisierte die
Parteien der Rechten scharf für ihr taktisches Kalkül bei
der Empfehlung zur Stimmabgabe, sah sich aber gleichzeitig und voller Unbehagen in die »falsche Front«[107] jener ein-
gereiht, die nur hinter dem greisen Feldmarschall-Präsiden-
ten standen, um die Amtsübernahme Hitlers zu verhindern
und eine möglichst rasche Rückkehr zum Status quo ante
zu erreichen.

Die Stellung zum Nationalsozialismus

Die schwierige Position, in der Jung sich befand, hatte auch
mit seiner ambivalenten Haltung gegenüber dem Nationalsozialismus, »unserer Volksbewegung«,[108] zu tun. Tatsächlich fürchtete Jung in dieser Phase der Entwicklung kaum
etwas so sehr wie den verfrühten Zusammenbruch oder die
Domestizierung der Partei in dem Sinn, daß Weimar »von
Hitler stabilisiert«[109] werde, etwa durch Übernahme eines
Ministeramts oder Einbindung der NSDAP in eine Koalition mit Mehrheit im Reichstag. Entsprechend süffisant kom-

mentierte er den »Legalitätskurs« der NS-Führung und verlangte mehr Entschlossenheit und Unnachgiebigkeit.

Jung war in erster Linie durch die Tatsache fasziniert, daß die NSDAP sich zu einer Volkspartei ausgeformt hatte, daß sie sämtliche Altersgruppen, aber vor allem die Jugend, und sämtliche sozialen Einheiten, die Arbeiterschaft wie das enteignete Bürgertum und die Oberschicht, ansprach und die Nationalisierung der Menschen erfolgreich vorantrieb. Was ihn störte, waren neben dem Verdacht der Korrumpierbarkeit die geistige Unzulänglichkeit der Partei und die Person Hitlers.

Als einer derjenigen, die von Anfang an »gegen den Strom kämpften und an die konservative Revolution nicht nur sicher glaubten, sondern sie vorbereiteten«, empfand Jung es als Akt der Undankbarkeit, daß das »Referat Volksbewegung«[110] – als das er die NSDAP apostrophierte – keinen intellektuellen Führungsanspruch akzeptierte und die Tatsache, daß die »geistigen Voraussetzungen für die deutsche Revolution [...] außerhalb des Nationalsozialismus geschaffen«[111] wurden, leugnete. Diese Ignoranz erklärte für Jung nicht nur die zentrale Bedeutung von Antisemitismus und Rassenfrage im nationalsozialistischen Programm, sondern auch die Neigung zu Unduldsamkeit und Überschätzung gewisser mediokrer Köpfe in der Partei. Der Kern der Sache war allerdings der, daß Jung der NSDAP bloß eine destruktive, keine konstruktive Potenz zutraute, daß der Nationalsozialismus nach seiner Einschätzung nur »die Addition zweier liberaler Richtungen«,[112] des Nationalismus und des Sozialismus, sei, weshalb er zwar ein Werkzeug des Abbruchs, aber keins des Aufbaus sein konnte: »Wir denken

[...] nicht daran, unsere Weltanschauung, die ein Zeitalter
kündet, in dem die Masse wieder in die Rolle zurücksinkt,
die ihr gebührt, zu verraten, indem wir vor dem Massen-
rausch kapitulieren. Ob die Masse die Internationale, ob sie
die Wacht am Rhein singt, ist von der höheren Schicksals-
warte der deutschen Geschichte aus gesehen gleichgültig,
so sympathisch uns die nationalsozialistische Haltung der
Masse berühren mag.«[113]

Jung sah in der NSDAP ähnlich wie im italienischen Faschismus bestenfalls »Vorstufen«[114] dessen, was kommen
mußte. Im Sommer 1929 war er eigens nach Italien gereist,
um sich einen persönlichen Eindruck vom Regime Mus-
solinis zu verschaffen. Er erhielt Zugang zu Persönlichkeiten der faschistischen Elite und wurde zweimal durch den
duce persönlich empfangen. Das Gesamtbild, das er danach
zeichnete, war durchaus positiv, Jung sprach anerkennend
davon, daß dem italienischen System »die organische Verbindung von Staatsverwaltung und fascistischer [sic] Organisation« gelungen sei, »die beide von der Spitze bis herab
zum letzten Individuum parallel geschaltet sind«.[115] Trotzdem hielt er es für möglich, wenn nicht wahrscheinlich, daß
sich der Faschismus nur als »letztes Massenaufgebot«[116] ent-
puppen werde, nicht als Wegbereiter der konservativen Revolution. Eine Übertragung des Modells auf Deutschland
schien ihm weder möglich noch sinnvoll.

Nach Lage der Dinge konnte Jung den Nationalsozialismus nicht so einfach abtun. Wie erwähnt betrachtete er ihn
als eine Größe, mit der man arbeiten konnte, allerdings nur
für eine Vor- und Fehlform, die es auszurichten galt, nachdem der Plan, eine selbständige »revolutionär-konservative«

Massenbewegung zu schaffen, gescheitert war. Trotz gewisser Schwankungen wird man sagen können, daß Jungs Position in dieser Frage immer einer 1932 getroffenen Feststellung entsprach: »Man kann der Auffassung sein, es müsse gelingen, den Nationalsozialismus mit der geistigen Renaissance, die das letzte Jahrzehnt Deutschland geschenkt hat«, das heißt den Ideen der Konservativen Revolution, »zu durchdringen. Es ist aber auch die Anschauung erlaubt, dem Nationalsozialismus eine begrenzte Aufgabe zuzuweisen; die Zertrümmerung einer morschen Welt und die Bereitung der großen Brache, auf der die neue Saat aufgehen soll. Soviel steht fest: die Sehnsucht all der Massen, die heute für den Nationalsozialismus opfern, entspringt dem großen konservativen Erbbilde, das in ihnen ruht und sie so zu handeln zwingt.«[117]

Dabei war Jung nie so naiv, zu meinen, man könne die NSDAP enthaupten und dann übernehmen. Hitler war für ihn unter den »politischen Massenführern unserer Zeit der einzige schöpferische Politiker«,[118] mehr noch: er »repräsentiert [...] das Gesetz der Entwicklung, unter dem unsere Zeit steht«.[119] Jung wußte um die Eigendynamik der Massenpolitik und erkannte in Hitler einen äußerst begabten Dompteur der verzweifelten und desorientierten großen Zahl. Aber er betonte auch, daß dessen Vorstellungen »primitiv und verworren«[120] seien; zuletzt, so sein Votum, müsse man »Hitler bekämpfen wegen seiner Unzulänglichkeit und die revolutionäre Bewegung des Nationalsozialismus«[121] bejahen, weil sie den Weg zur konservativen Neuordnung freimache.

Es mag in Jungs Einschätzung Hitlers auch etwas von

der Frustration des verhinderten Praktikers mitgespielt haben, an seiner Aversion gegen dessen Person besteht aber
kein Zweifel. Zu einer ersten Begegnung war es schon 1923
gekommen. Damals hatte ihn Brüning zu Hitler geschickt,
mit der Aufforderung, die SA aktiv am Widerstand in der
besetzten Pfalz zu beteiligen.[122] Hitler lehnte das ab, da er
zu dem Zeitpunkt von der Möglichkeit eines erfolgreichen
Putsches ausging und sich auf dessen Vorbereitung konzen-
trieren wollte. In der Folge betrachtete Jung Hitler als einen
Mann von zweifelhafter nationaler Zuverlässigkeit, dessen
agitatorisches Geschick ihm zwar widerwillige Bewunderung abnötigte, dessen Entourage er aber – auch und gerade
in seiner Münchener Heimat – unnachgiebig bekämpfte. Als
Hitler dann nach den Septemberwahlen 1930 zu einer echten
innenpolitischen Größe geworden war und Konservative in
ihm einen denkbaren Bündnispartner zu sehen begannen,
äußerte er im kleinen Kreis: »Ich kann mir nicht vorstellen, daß ein Mann mit einem solchen Verbrechergesicht in
Deutschland Diktator wird. Wir müssen versuchen zu verhindern, daß Hitler auch nur für einen Tag an die Macht
kommt.«[123] So unmißverständlich Jung von der Notwendigkeit einer – kommissarischen[124] – Diktatur ausging, so
unmißverständlich warnte er vor einer »Diktatur ohne Inhalt«,[125] und eine Diktatur Hitlers war für ihn eine »Diktatur ohne Inhalt« oder wenigstens ohne den richtigen Inhalt.

Angesichts dessen kann nicht überraschen, daß die Nationalsozialisten die Gegnerschaft Jungs sehr ernst nah-
men.[126] In einem Brief an den NS-Studentenbund vom 20.
November 1928 schrieb Baldur von Schirach, daß er »ihn
für einen der schlimmsten Feinde der Bewegung«[127] halte;

Archiv des Verfassers

Illustrierte Wahlzeitung der Konservativen Volkspartei zur Reichstags-wahl 1930

Volkskonservative Stimmen, Wahlzeitung der Konservativen Volkspartei,
1 (1930) 35

Konservative Volkspartei, Flugblatt zur Reichstagswahl, Dresden 1930

Konservative Volkspartei, Plakat zur Reichstagswahl 1930

man verunglimpfte ihn wegen seiner angeblich jüdischen Herkunft[128] – 1925 war es deshalb sogar zu einem Prozeß zwischen Jung und dem *Völkischen Beobachter* gekommen[129] – wegen seiner Kontakte zu Wirtschaftskreisen und als Vertreter einer Weltanschauung, die im Kern als unvereinbar mit der eigenen betrachtet wurde, schon weil sie »biologischen Materialismus«[130] und Rassenhaß[131] strikt zurückwies.

Papen und Hitler

Jungs Vorstellung von der Instrumentalisierbarkeit der NS-Bewegung hatte eine gewisse Schnittmenge mit den Zähmungskonzepten, die man im Umfeld Franz von Papens diskutierte. Ein Sachverhalt, der auch erklärt, warum Jung durch Vermittlung seines Freundes Pechel in die Nähe des seit dem Juni 1932 amtierenden Reichskanzlers kam und ihm seit dem Herbst des Jahres als Berater und Redenschreiber diente. In Papen schien sich jene andere Möglichkeit zu eröffnen, die Jung für den Fall des Scheiterns der konservativen Revolution von der Basis aus in Erwägung gezogen hatte: »Ein kleiner, gesellschaftlich einflußreicher Kreis kann einen Führer präsentieren, dem die Staatsgewalt zuwächst.«[132] Jung machte sich zwar keine Illusionen über den Charakter Papens,[133] aber für den Augenblick hoffte er, man könne die Verfassung auf kaltem Weg revidieren, zu dem Zweck, ein alternatives System, das die »Regierung von einem parlamentarischen Mißtrauensvotum unabhängig« mache, zu »oktroyieren«.[134]

Aber das Konzept des »Neuen Staates« erwies sich rasch als unrealisierbar. Statt dessen setzte Papen, ohne Wissen Jungs, auf ein Vabanquespiel, für das das Zusammengehen mit Hitler unvermeidbar war. Angesichts dessen ist die schwere Erschütterung Jungs verständlich, als Hitler am 30. Januar 1933 die Regierung übernahm, in der Papen die Stellung des Vizekanzlers bekleidete. Gegenüber seinem Freund Pechel sagte er beim Anblick der braunen Kolonnen, die im Fackelzug durch das Brandenburger Tor marschierten: »Ist es nicht furchtbar, wie allein wir in diesem Volk sind, das wir doch so lieben.«[135] Wenn er jetzt noch einmal auf seine Behauptung zurückkam, daß damit die Einbindung der Nationalsozialisten in die alte Verfassungsordnung gelungen und die Idee einer »nationalsozialistischen Revolution«[136] erledigt sei, hatte das etwas von leerem Trotz. Schwerer wog seine Feststellung: »Es gibt keine regierungsfähige deutsche Rechte.«[137]

Diese resignative Stimmung blieb aber nur eine Episode. Rasch hatte sich Jung wieder gefangen. Er gehörte weiter zu Papens Beraterstab und schrieb die Reden für dessen Auftritte im Vorfeld der Neuwahlen zum Reichstag am 5. März 1933.[138] Gleichzeitig beschwor er Papen, nicht nur alles zur »Erhaltung des konservativen Flügels in dieser Regierung zu tun«,[139] sondern auch Sorge dafür zu tragen, »daß seine politische Konzeption nicht zerstört, ja ins Gegenteil verkehrt«[140] werde. Daß diese Angst sehr begründet war, ließ sich schon daran erkennen, daß Jung massiv auf den Vizekanzler einwirken mußte, damit der begriff, wie wichtig es war, Hindenburg davon abzubringen, sein Promulgations- und Publikationsrecht für die Gesetze durch das Ermächtigungsgesetz aufzugeben; ein allerdings gescheiterter Vorstoß.[141] Zu diesem Zeitpunkt muß Jung endgültig begriffen haben, daß es sinnlos war, Papen davon überzeugen zu wollen, wie fatal die Unterstützung der Kanzlerschaft Hitlers war, daß man »mit dafür verantwortlich« sei, »daß ›dieser Kerl‹ an die Macht gekommen ist«, gar nicht zu reden von der aus dieser Feststellung abgeleiteten Forderung: »wir müssen ihn wieder beseitigen.«[142]

Selbstverständlich konnte Jung derartiges nur intern, vor wenigen Vertrauten, sagen. Aber auch nach außen formulierte er eine scharfe und unübersehbare Kritik an den Haupttendenzen der Umgestaltung von Staat und Gesellschaft, die nach dem 30. Januar 1933 einsetzte. Den meisten verborgen, so Jung, gehe es jetzt um die Notwendigkeit einer großen Entscheidung, die in der zweiten Phase dieser deutschen Revolution zu treffen sei: »ob die deutsche Zukunft nationalistisch oder konservativ gestaltet werden soll. [...] wir müssen [...] dieses konservative Element endlich formieren, für Volk und Staat zum Einsatz bringen, damit es Mittler werde zwischen zwei Lagern, die sich sonst zu zerfleischen drohen. [...] Das deutsche Volk kann nicht auf Jahre hinaus unter Demagogie, Aufzügen, Flaggen und nationalen Liedern gehalten werden. Es muß zur stillen, entschlossenen Haltung zurückgeführt werden, für die das Zeitalter des großen Nationalisierungsprozesses endlich abgeschlossen ist.«[143]

Im Grunde sah sich Jung nach wie vor derselben »Kernfrage« gegenüber, die er schon in der *Herrschaft der Minderwertigen* gestellt hatte: »Wo sind Ansatzpunkte, welches sind die Wege, eine atomisierte Gesellschaft wieder in eine

echte, organisch gegliederte Gesellschaft rückzuverwan-
deln?«[144] Das hieß auch, wie konnte man die permanen-
te Mobilmachung der Masse beenden, deren Gefährlich-
keit offenbar kaum jemand begriff? Noch in seinem letzten
Buch, das im Sommer 1933 unter dem Titel *Sinndeutung der
deutschen Revolution* erschien und eine Reihe von Aufsätzen zusammenfaßte, kreiste Jungs Argumentation vor allem
um diesen Punkt. Folgt man seinem Gedankengang, blieb
es zwar bei der Verwerfung von Republik und liberaler Demokratie, aber mit überraschender Offenheit wurde Hitler
als »Kind der Masse«, die NSDAP als »Partei der Enterb-
ten« und »des bürgerlichen Zusammenbruchs«[145] apostro-
phiert, unfähig jene Wende herbeizuführen, die eigentlich
notwendig sei. Erstaunlich scharf verteidigte Jung außerdem den Rechtsstaat und den Geltungsanspruch der Persönlichkeit, wandte sich gegen Gleichschaltung und ideo-
logische Absolutheitsansprüche. Neben Friedrich Sieburgs
Es werde Deutschland, Richard Benz' *Geist und Reich* sowie Spenglers *Jahre der Entscheidung* war die *Sinndeutung* ohne Zweifel die schärfste Absage an das neue Regime
durch einen Autor der Konservativen Revolution.

Es zeigte sich hier deutlicher als sonst, was ein zeitge-
nössischer Beobachter in bezug auf die vordergründige
Ähnlichkeit von Konservativer Revolution und Nationalsozialismus festgestellt hatte, die sich zwar aus demselben
»Lebensgefühl« speisten, deren Übereinstimmung aber sofort erledigt war, »wenn es sich darum handelt, die Argumente für ihre Feindschaft gegen das ›System‹ zu präzisie-
ren oder gar die positiven Vorstellungen zu entwickeln, die
ihrem Kampfe zu Grunde liegen.«[146] Jung hat diesen Sach-

verhalt klarer als die meisten gesehen und blieb vom Sog
des »Hitler-Frühlings« 1933 unbeeindruckt. Allerdings er-
krankte er schwer und versank in eine Depression.[147] Erst
nach der Genesung am Ende des Jahres gelang es ihm, sich
auch von der Stimmungsverdüsterung zu befreien.[148]

Rasch fand er in den folgenden Monaten zu seiner ener-
gischen Einstellung zurück und ging als »inoffizieller Mitarbeiter«[149] Papens zusammen mit seinem Freund Herbert
von Bose, dem politischen Referenten Papens, daran, die
Arbeit in der Pressestelle aufzunehmen, die dem Vizekanz-
leramt angegliedert war. Ohne Wissen Papens, in jedem
Fall ohne dessen Zutun, entstand dort eine Art »Reichsbe-
schwerdestelle«,[150] suchte man in Einzelfällen, vor allem bei
Verfolgung von Bürgern jüdischen Glaubens oder jüdischer
Herkunft, zu helfen oder wenigstens Ausschreitungen und
Verbrechen im Namen der »nationalen Revolution« zu do-
kumentieren. Der allmählich Gestalt annehmende »Jung-
Kreis«[151] bemühte sich, nicht nur durch gezielte Indiskre-
tionen das Ausland auf die antijüdischen Maßnahmen des
Regimes aufmerksam zu machen, sondern arbeitete auch
konspirativ und baute ein dichtes Geflecht von Informan-
ten auf, das von Gestapo und SA bis in die Reihen der Re-
gimegegner reichte, die aus den jungkonservativen Klubs,
den Redaktionen der bürgerlichen Zeitungen, dem Kle-
rus, der »Bekennenden Kirche«, dem Militär und der Be-
amtenschaft kamen,[152] und begann auszuloten, welche
Handlungsmöglichkeiten – etwa im Zusammenspiel mit
der Reichswehr – bestanden.[153] Jung selbst trat nicht nur
mit Schleicher, sondern auch mit dem ehemaligen sozialdemokratischen Reichstagsabgeordneten Julius Leber in

Kontakt[154] und sondierte gegenüber dem österreichischen Heimwehrführer Rüdiger von Starhemberg und dem Kardinalstaatssekretär des Vatikans, Eugenio Pacelli.

Kreuz und Krone

Parallel zu dieser praktischen Subversion vollzog sich eine letzte Metamorphose in Jungs Weltanschauung. Hatte er schon früh die Vorstellung von der zentralen Bedeutung der Religion im allgemeinen und des Christentums im besonderen entwickelt, verdichteten sich diese Vorstellungen jetzt dahingehend, daß er die konservative ausdrücklich als eine »christliche Revolution«[155] verstanden wissen wollte, in der die Freiheit des einzelnen durch die Glaubensbindung des Ganzen zu gewährleisten sei und ein »neues christliches Reich«[156] als eigentliches Ziel erschien.

Sosehr Jung die Verbindung zu Moeller van den Bruck, dessen Vorstellung eines revolutionären Konservatismus[157] und dessen Entwurf eines »Dritten Reiches«,[158] betont hat, so deutlich wird an dieser Stelle die Differenz beider Positionen. Für Moeller ging es im Grunde um einen innerweltlichen Glauben, einen mobilisierenden Mythos, Jung um eine tatsächliche metaphysische Neuverankerung des individuellen wie des Gemeinschaftslebens. Das hatte sich schon in der ersten Fassung der *Herrschaft* angedeutet. Dabei konnte man zwar den Eindruck gewinnen, als ob Jung eher aus funktionalen Gründen die »Unvergänglichkeit des metaphysischen Triebes«[159] und die Tatsache betonte, daß »der übersinnliche Raum« in seinem Weltbild notwendig eine »beherrschende Rolle«[160] spiele; und es blieb unklar, wie der »Wille zum Glauben«[161] nach dem Zeitalter des Rationalismus in eine »Rückkehr des abendländischen Menschen zur christlichen Glaubenslehre«[162] münden könnte. Aber an der prinzipiellen Wertung war kein Zweifel.[163]

Für die Verschiebung der Position Jungs bis zu dem Punkt, an dem der christliche Glaube als entscheidend für jede nicht nur religiöse, sondern auch politische und gesellschaftliche Erneuerung aufschien, kann man sicher den erwähnten Einfluß Spanns, aber auch den Zieglers und Berdjajews geltend machen. Deren Ideen dürften weiter dafür gesorgt haben, daß Jung sich immer stärker von einem vitalistischen Verständnis der Religion abwandte, das den Akzent auf die neue Erfahrung des Heiligen im »Kriegsrausch«[164] gelegt hatte, und zu der Auffassung kam, daß nur in der konkreten Gestalt der Kirche ein Garant für die angestrebte Regeneration zu finden sei.

Obwohl protestantischer Herkunft, betrachtete Jung die evangelische Kirche als ungeeignet, diese Aufgabe zu erfüllen, mehr noch, er sah – bei aller Wertschätzung Luthers – in der Reformation die Ursache für eine Entwicklung hin zu religiösem Individualismus, ästhetischem »Religionsersatz«[165] und schließlich Atheismus, die ganz wesentlich zu den Problemen der Gegenwart beigetragen hatte. Daraus resultierte eine Hinwendung zum Katholizismus, in dem Jung auch so etwas wie einen letzten Garanten hierarchischer Vorstellungen sah.[166] Als dessen Parteigänger galt Jung seit dem Beginn der dreißiger Jahre,[167] obwohl er nicht konvertierte und bestimmte – wenn man so will: häretische – Vorstellungen, etwa die einer »Dritten Offenba-

rung«,[168] weiterhin vertrat. Als einziger Protestant[169] nahm
er jedenfalls im Juli 1933 an einer Tagung in Kloster Ma-
ria Laach teil, hielt einen Vortrag und erklärte offen, daß
das gerade zwischen der Kirche und der neuen Reichsregierung geschlossene Konkordat nichts wert sei, und daß kein
Christ Nationalsozialist sein könne.[170] Für eine solche Anschauung fand er zu diesem Zeitpunkt auch in den Reihen
des deutschen Katholizismus keine Unterstützung mehr.
Trotzdem hieß es in der *Sinndeutung* unmißverständlich:
»Jeder von uns gelangt auf mühseligem Wege zur Alternative: Untergang des Abendlandes oder Wiederverchristli-
chung.«[171]

Die große Ähnlichkeit zwischen der Haltung Jungs in
dieser letzten Phase und der wichtiger konservativer Köpfe des 19. Jahrhunderts ist unbestreitbar (Friedrich Schle-
gel, Ernst Ludwig von Gerlach, John Henry Newman, in
gewissem Sinn sogar Paul de Lagarde). Sie hatten wie er,
nur unter anderen gesellschaftlichen und politischen Bedingungen, den Totalitarismus als feindlichen Bruder des
Individualismus erkannt, den Nationalismus als typische
Folgeerscheinung der Französischen Revolution bestimmt
und hätten wohl auch seine Auffassung geteilt, daß die
»Gegenrevolution gegen 1789 übervölkisch, reichisch und
damit europäisch«[172] sein müsse. Man könnte allerdings
auch darauf hinweisen, daß Jungs Entwicklung an diesem
Punkt der vieler anderer Köpfe des konservativ-revolutionären Lagers entsprach. Das gilt sogar für Vertreter der Ra-
dikalen wie die beiden Jünger oder Winnig, deren Weltanschauung sich letztlich auf einen Punkt zu bewegte, an dem
man klassisch-konservative Argumentationen wiederent-

deckte, die man ursprünglich als »reaktionär« oder »bürgerlich« abgelehnt hatte.

In bezug auf den Gedanken der Monarchie wären diese Männer aber sicher nicht so weit gegangen wie Jung. Hatte er in der ersten wie der zweiten Fassung der *Herrschaft* noch eine klare Absage an den »Scheinkampf Monarchie oder Republik«[173] formuliert, war die mittelalterliche wie die absolutistische Form der Alleinregierung zurückgewiesen und in der zweiten Fassung auch dem Cäsarismus eine Absage erteilt worden, so fand sich doch die Feststellung, daß soweit »jede Staatsform aus völkischen Kräften zu entwickeln sei, [...] alle Deutschen Demokraten« hießen und es sich andererseits bei der wahren Monarchie um den »Ausdruck mythischen Selbstbewußtseins eines Volkes«[174] handele. Fest steht weiter, daß Jung kein Legitimist war,[175] sich seine Vision des »Neuen Reiches« auch kaum mit der Restauration der Hohenzollern vereinbaren ließ und von konkreten Plänen in andere Richtung – die Habsburger beziehungsweise Wittelsbacher kamen in Frage – nichts bekannt ist.

Trotzdem ist zu betonen, daß Jungs Überlegungen zum Thema Monarchie keineswegs Gedankenspiele waren. Jedenfalls fragte er im Frühjahr 1934 bei Papen nach, ob Hindenburg ein politisches Testament verfaßt habe, und wenn ja, ob man ihm anraten könne, darin für den Fall seines Todes die Wiederherstellung der Monarchie vorzuschlagen. Papen nahm diese Anregung auf, wollte aber Rücksprache mit Hitler nehmen, der scheinbar[176] sein prinzipielles Einverständnis signalisierte;[177] außerdem kam es zu Sondierungen bei Kaiser und Kronprinz im Exil. Eine denkbare Lösung schien sich dahingehend abzuzeichnen, daß einer der Söhne des Kron-

prinzen nach erfolgter Restauration den Thron besteigen
könnte. Am 9. oder 10. März 1934 traf Papen mit Hindenburg zusammen, der sich – nach Aussage Papens – dahingehend äußerte, der Vizekanzler möge einen Entwurf seines politischen Testaments anfertigen lassen. Jung arbeitete
daraufhin zusammen mit dem Adjutanten Papens, Fritz von
Tschirschky, eine Vorlage für den Schluß von Hindenburgs
Testament aus, in dem erwogen werden sollte, das Kaiser-
tum wiederzuerrichten, die Unabhängigkeit der Reichswehr
von politischer Einflußnahme zu erhalten, ein Zwei-Kam-
mer-System einzuführen und die Rassengesetzgebung in ihrer gegenwärtigen Form zu beseitigen. Wie bekannt, ist der
Wunsch nach einer Restauration dann doch nicht Teil des
Testaments geworden, sondern von Hindenburg in einem
persönlichen Brief geäußert worden, der Hitler nach dem
Tod des Reichspräsidenten übergeben wurde, dessen Inhalt
man aber der Öffentlichkeit verschwieg.

Damit ist der weiteren Entwicklung allerdings vorge-
griffen. Denn zum Zeitpunkt der geschilderten Ereignisse
war Jung wie überhaupt der Widerstandskreis im Umfeld
der Vizekanzlei durchaus der Meinung, Aussicht auf Erfolg
zu haben. Jung erstellte deshalb im April 1934 eine Denkschrift, die Papen vorgelegt wurde. Der Text macht zwar an
verschiedenen Stellen taktische Zugeständnisse,[178] entsprach
aber in allen wesentlichen Fragen Jungs Überzeugung: Das
betraf die Ablehnung des »nationaldemokratischen« Prinzips und Verteidigung des »eigenständigen Volkes« genauso
wie die Forderung nach endgültiger Beseitigung des Partei-
ensystems – was nichts anderes bedeuten konnte als Auflösung der NSDAP als letzter verbliebener Partei – orga-

nische Gliederung des Gesellschaftsganzen, ständische Ordnung, keine Rückkehr zum Parlamentarismus, Ablehnung des Zentralismus und des »totalen Staates«,[179] Aufbau einer europäischen Föderation, Ersetzung der »faschistischen« durch eine »Ideologie des christlichen und revolutionären Konservatismus«.[180] Am erstaunlichsten war vielleicht in diesem Zusammenhang das entschiedene Plädoyer für »Toleranz« und »Humanität«,[181] das man so deutlich bei einem Denker wie Jung kaum erwartet hätte: »Jede Generalisierung der Begriffe, jede Intoleranz ist deshalb für die europäische Politik des deutschen Volkes gefährlich. Wer gegen Humanität kämpft, darf nie vergessen, daß es neben der menschenrechtlichen Humanität von 1789 auch noch die naturrechtliche des Christentums gibt, auf welcher die europäische Kultur beruht.«[182]

Zu den überraschenden Argumenten in der Denkschrift gehörte sicher Jungs Behauptung, in Übereinstimmung mit dem »Zeitgeist«[183] zu handeln, während der Nationalsozialismus faktisch einer überlebten Epoche angehörte. Nur aus diesem Kontext erklärt sich auch seine Forderung nach einer auf Selbstbescheidung fußenden Sozialpolitik und die Erwartung, es werde sich eine Art großer geistiger Rückwendung zu den Quellen europäischer Werte vollziehen, die die Erneuerung existentieller Bindungen erlaube. Sie sollten ihren Ausdruck auch in dem finden, was Jung hier als »Ideologie der Krone«[184] apostrophierte: ein offenbar am Modell des ungarischen Horthy-Regimes ausgerichtetes Konzept, das die Untiefen des Legitimismus ebenso zu meiden suchte wie die des Cäsarismus, einerseits mit dem Grundsatz der »organischen Demokratie«[185] vereinbar blieb, andererseits die Möglichkeit zur Erneuerung des Adels eröffnete und zuletzt den Zweck erfüllte, das Ganze des korporativen Staates und der überstaatlichen Ordnung zusammenzuhalten und zu überwölben:

»1. Die Neugründung des deutschen Kaiserreiches knüpft an das mittelalterliche Wahlkaisertum an.

2. Der Reichsverweser verwest vorläufig die Krone.

3. Der Reichsverweser stammt nicht aus der NSDAP.

4. Durch die Krone erfolgt die endgültige Reichsreform in annähernd gleichgroße Statthaltereien. Die Statthalter erhalten fürstliche Würde und können aus bewährten Stammeshäusern entnommen werden.

5. Das Wahlgremium des auf Lebenszeit zu wählenden Reichsverwesers oder Kaisers besteht aus den Statthaltern und anderen zu bestimmenden Würdenträgern.

6. Bei der Errichtung der Krone muß die Wirkung auf die Stephanskrone und die Habsburger Krone in Betracht gezogen werden, die Errichtung einer Habsburger Krone womöglich psychologisch unmöglich gemacht werden.«[186]

Das Ende

Jungs Vorstellungen fanden keinen ungeteilten Beifall in den Reihen des Widerstandes, die Verbindung zu legitimistischen Zirkeln in Bayern und im Reich, aber eben auch zu Vertretern der Weimarer Parteien aufgenommen hatten. Abgelehnt wurde außerdem seine Forderung, Hitler durch ein Attentat, zu dem er selbst bereit gewesen wäre,[187] zu beseitigen. Trotzdem wurde das Konzept, das er zusammen mit seinen engsten Vertrauten formuliert hatte, in verschiedenen Abschriften verbreitet. Zu dem Zeitpunkt hatte Hindenburg Papen aber schon signalisiert, daß es in seinem politischen Testament keine Empfehlung der zukünftigen Staatsform geben werde. Trotzdem setzte der Jung-Kreis seine Tätigkeit fort, und Jung selbst konzentrierte sich jetzt auf den Entwurf einer Rede, die Papen bei der Jahresversammlung des Marburger Universitätsbundes am 17. Juni 1934 halten sollte.[188] Sie war als eine Art Signal gedacht, um Maßnahmen vorzubereiten, bei denen der schwelende Konflikt zwischen SA-Chef Röhm und der Reichswehrführung genutzt werden sollte, um mit Rückendeckung Hindenburgs einen Staatsstreich herbeizuführen.

Daß dieser Plan je Aussicht auf Erfolg hatte, wird man bezweifeln dürfen, und schon der Anfang der praktischen Umsetzung zeigte die Schwierigkeiten, mit denen sich der Jung-Kreis konfrontiert sah. Jedenfalls geriet Bose bereits unter Zeitdruck, nachdem Hitler verkündet hatte, die unruhige SA in den Urlaub zu schicken, und sich der immer hinfälliger werdende Hindenburg zur Erholung auf sein ostpreußisches Gut Neudeck zurückziehen wollte, das zu weit von den Machtzentralen in Berlin entfernt war. Weiter bestand das Problem, daß Papen – »dieses Arschloch«[189] nach Jungs Worten – unmöglich vollständig eingeweiht werden konnte. Den Text der Rede übergab man ihm deshalb erst kurz vor der Abfahrt nach Marburg, Korrekturen am Manuskript wurden verhindert.[190]

Daß Papen ein gewisses Unbehagen angesichts des Tenors der Marburger Rede befiel, ist nachvollziehbar. Denn hier wurde ohne Umschweife gewarnt vor der um sich grei-

fenden »Gefahr des Byzantinismus«[191] und dem »Totalitäts-
anspruch«[192] der Partei: »Die Vorherrschaft einer einzigen
Partei an Stelle des mit Recht verschwundenen Mehr-Partei-
ensystems«, hat Jung Papen sagen lassen, »erscheint [...] geschichtlich als ein Übergangszustand, der nur so lange Berechtigung hat, als es die Sicherung des Umbruchs verlangt
und bis die neue personelle Auslese in Funktion tritt«.[193] Ein
Affront mußte die Behauptung sein, daß der Nationalsozialismus und die in der Nachkriegszeit entstandene »Art
von konservativ-revolutionärer Bewegung«[194] gleichrangige
Verbündete seien, und daß es nun darum gehe, die »nationale« in eine »konservative Revolution« zu überführen,[195] den
Nationalismus hinter sich zu lassen und eine neue »Ghi-
bellinen-Partei in Europa«[196] zu bilden, die dem Bund der
abendländischen Völker vorarbeiten sollte.

Der bereits gedruckte Text der Rede wurde sofort nach
Bekanntwerden des Inhalts beschlagnahmt, eine Übertragung im Rundfunk verboten. Immerhin erschien ein Aus-
zug in der verbreiteten *Frankfurter Zeitung*, die in der Berliner Germania-Druckerei hergestellten Exemplare mit dem
Wortlaut kamen in Umlauf und wurden zum Teil mit der
Hand abgeschrieben vervielfältigt.[197] Die »brausende Zustimmung«,[198] von der Papen sprach, beschränkte sich allerdings auf die bürgerlichen Kreise und die alten Eliten.
Als Handlungsaufforderung, wie vom Jung-Kreis erwartet, verstand sie offenbar niemand; abgesehen von Hitler,
in dessen Umfeld die »Sorge um die Reaktion«[199] in diesen
Wochen größer war als die Angst vor einer »nationalsozialistischen Revolution«, getragen von der SA und dem linken
Parteiflügel. Schon während der Marburger Veranstaltung

hatten NS-Funktionäre unter Protest den Saal verlassen,[200] am 20. Juni veröffentlichte Alfred Rosenberg im *Völkischen Beobachter* einen Artikel mit drohendem Unterton, in dem es hieß, man habe nie die Absicht gehabt, einer »konservativen Revolution« vorzuarbeiten, die letztlich Oberschichtenherrschaft und die »Restauration« der Verhältnisse des Bismarckreichs bedeute.[201] Rasch drang nach außen, daß Jung das Manuskript Papens verfaßt hatte, woraufhin Hitler am 25. Juni seine Verhaftung befahl. Die Gestapo nahm Jung fest und brachte ihn in ihre Berliner Zentrale in der Prinz-Albrecht-Straße. Papen intervenierte, aber ohne Nachdruck.

Im Grunde gehörte die Festsetzung Jungs ins Vorfeld der lange vorbereiteten Maßnahmen, die zur angeblichen »Niederschlagung des Röhm-Putsches« getroffen worden waren. Am 30. Juni liquidierte man Bose, in der Nacht zum 1. Juli erschossen SS-Wachen Jung in einem Wäldchen bei Oranienburg.[202] Während Papen die Herausgabe der Leiche Boses erreichte, wurde im Fall Jungs der Witwe lediglich die Urne ausgehändigt und erklärt, daß kein offizielles Begräbnis stattfinden dürfe. Der Mord blieb aber keineswegs unbemerkt. Schon am 4. Juli 1934 brachte die *Neue Zürcher Zeitung* einen Artikel unter der Überschrift »Das Schicksal Edgar Jungs« mit der knappen Feststellung, er sei das Opfer einer »sehr niedrigen Rache« für die von ihm verfaßte Marburger Rede geworden.[203]

Die angebliche Verhinderung einer Erhebung der SA Ende Juni, Anfang Juli 1934 bedeutete – was oft vergessen wird – gleichzeitig einen vernichtenden Schlag Hitlers gegen die konservative Opposition. Das war kein Zufall, sondern

hatte damit zu tun, daß dieser Widerstand von rechts die
eigentliche Gefahr für das Regime bildete, weil dessen Träger nicht nur die Überzeugung erfüllte, dem größeren Ganzen dienen zu müssen, sondern auch, weil sie nach wie vor
über Zugang zu Machtmitteln verfügten. Vollständig aus-
gelöscht werden konnte die Glut aber nicht, und so ist nicht
nur die Ähnlichkeit der Pläne des konservativen Widerstandes von 1934 und 1944 alles andere als Zufall, auch die tatsächliche Möglichkeit, zum Zug zu kommen, war niemals
größer als kurz vor Vollendung der Machtübernahme Hitlers und kurz vor dem Untergang seiner Herrschaft.

Neben Jung und Bose fielen noch der Vorgänger Hitlers
als Reichskanzler, Kurt von Schleicher,[204] sowie der Zen-
trumspolitiker Erich Klausener und Gustav von Kahr, der
als Generalstaatskommissar in Bayern den Hitler-Putsch
niedergeworfen hatte, den Mördern zum Opfer, während
sich andere Konservative wie Brüning oder Treviranus
nur durch die Flucht retten konnten. Treviranus hatte Jung
mehrfach geraten, ins Exil zu gehen, der sich aber weigerte
und erklärte, daß es seine Aufgabe sei, auf dem Posten zu
bleiben.

Bilanz

Dieses Auf-dem-Posten-Bleiben bildet so etwas wie das Ge-
neralthema im Leben Jungs und erklärt auch die eindrucks-
volle Übereinstimmung von Wort und Tat. Dabei geht es
nicht nur darum, daß ein hochgebildeter Mann, der sich
auf vielen Feldern außerhalb seines Fachgebiets umfassende

Kenntnisse angeeignet hatte, der die Zugehörigkeit zur bürgerlichen Führungsschicht selbst in Kleidung und Manieren
demonstrativ zum Ausdruck brachte, gleichzeitig von der
Überzeugung durchdrungen war, seinen Beitrag nicht nur
als Theoretiker leisten zu müssen, sondern nach Ansätzen
für die Aktion suchte, um tatsächlich eine Änderung herbeizuführen. Daß dieser Wunsch in vielem wirklichkeitsfremd war, auch auf Fehleinschätzungen der Lage und der
Kräfteverhältnisse beruhte, sei nicht bestritten, aber abgetan werden kann mit diesem Hinweis weder der Mensch
noch das Denken.

Zumindest ist man ihm schuldig, seine Vorstellungen im
Bereich der Weltanschauungen möglichst exakt zu verorten.
Der Hinweis auf die Konservative Revolution ist dabei nur
ein erster Schritt, der zweite sollte darin bestehen, die Frage nach dem größeren »Ideenkreis«[205] zu stellen, dem Jung
angehörte.

Erwähnt seien deshalb abschließend zwei Versuche solcher Einordnung. Der erste stammt von Panajotis Kondylis, der Jung in seiner großen *Darstellung zur Geschichte des
europäischen Konservatismus* einen Vorläufer der »›konservativen‹ Neoliberalen«[206] nannte. Diese Einschätzung ist
nur richtig zu verstehen, wenn man zur Kenntnis nimmt,
daß Kondylis den Begriff des Konservatismus – oder wie
er sagt: »Konservativismus« – bloß für jene gelten läßt, die
tatsächlich noch eine Möglichkeit sahen, das Ancien régime
zu restaurieren und in die Welt vor der Französischen Revolution zurückzukehren. Die, welche die politische Moderne insoweit anerkannten, als sie ihre Mittel nutzten, und
sei es auch, um sich ihrer nach Erfolg zu entledigen, hielt er

im Grunde für Liberale, die aus verschiedenen Motiven die
Entwicklung zur Massengesellschaft ablehnten. Kondylis
verwies deshalb für seine Einschätzung auf Jungs Tocque-
ville-Rezeption; aber man könnte noch weiter gehen und
neben der Demokratie- die Staatsskepsis Jungs ins Feld führen, den Widerwillen gegen »Mammut-« und »Almosen-
staat«,[207] seine Bejahung des freien Unternehmertums bei
strikter Ablehnung der Plutokratie.

Es bleibt hier aber selbstverständlich das Problem, daß
Jung sich selbst als dezidierten Antiliberalen betrachtete und seine Betonung der notwendigerweise metaphysischen Bindung des einzelnen wie des Ganzen kaum mit liberalen Vorstellungen in Übereinstimmung zu bringen ist.
Von diesem – wenn man so will: entgegengesetzten – Pol
des Zusammenhangs zwischen Überzeitlichem und Zeitli-
chem geht eine Interpretation Julius Evolas aus. Evola betrachtete Jung als einen der wenigen Repräsentanten der
authentischen Rechten im 20. Jahrhundert,[208] das heißt
einer Rechten, die sich an der »Revolte gegen die moderne
Welt« beteiligte, also keiner Versuchung nachgab, Konzessionen an die Ideen von 1789 wie Liberalismus oder Nationalismus zu machen. Das Urteil wiegt um so schwerer, als
Evola und Jung seit dem Beginn der 1930er Jahre in einen
Gedankenaustausch eingetreten waren und nicht nur in der
Grundauffassung von einem »organischen Staat« überein-
stimmten, sondern auch in ihrer Kritik von Faschismus und
Nationalsozialismus und der Vorstellung, daß es notwendig
sei, jene »Ghibellinenpartei« zu gründen, die die Schaffung
eines Europa umfassenden Reiches vorbereiten sollte.[209] Die
Einschätzung Evolas hat ohne Zweifel vieles für sich, aber

auch da gibt es einen Vorbehalt: jedenfalls ist klar, daß dessen Heidentum und Annahme eines absoluten geschichtlichen Verfalls mit Jungs Christentum und Annahme einer Auferstehung des Abendlandes nur schwer zur Deckung zu bringen sind.

Auf den ersten Blick erscheinen die Interpretationen von Kondylis und Evola als scharfe Gegensätze. Auf den zweiten Blick wird man das eher darauf zurückführen, daß Jungs politische Philosophie nicht nur eklektisch war, sondern eben auch versuchte, eine Synthese zu schaffen, in der das als überholt Erkannte nicht mehr vorkam, das falsche Neue abgelehnt und das ewig Gültige zur Geltung gebracht werden sollte. Er selbst hat nicht nur die Schwächen seines Entwurfs gesehen, sondern auch gewußt, daß er mit dem Zweifel der Mehrheit rechnen mußte, der Praktiker, die sich auf das Tagesgeschehen beschränkten, wie der stumpfen Menge, die für keine geistige Frage ansprechbar war. Trotzdem beharrte Jung darauf, eine wirklichkeitsgerechte Position zu vertreten, insofern als »Konservativ sein heißt [...], die ewigen Grundlagen jeder menschlichen Gemeinschaft: Religion, Sittlichkeit, Befehl, Gehorsam, Gemeingeist, Hingabe erhalten zu wollen«;[210] und der sich deshalb gerade nicht mit dem Vorgefundenen arrangieren wollte, sondern einen »Realismus der neuen Romantik«[211] vertrat, der es erst erlaubt, Metapolitik in seinem Sinn zu treiben: eine in sich spannungsreiche und paradoxe Position, so daß sie in die alten Ideenkreise nicht mehr paßt, aber wenigstens andeutet, wie der konservativ-revolutionäre umrissen werden könnte.

Anmerkungen

1 Jan Assmann: Das kulturelle Gedächtnis. Schrift, Erinnerung und politische Identität in frühen Hochkulturen, München 1992, S. 67.

2 Das gilt vor allem für das von Jungs Freund und Mentor verfaßte Büchlein, Leopold Ziegler: Edgar Julius Jung. Denkmal und Vermächtnis, Salzburg 1955; weiter für die umrißhafte Skizze des Weggefährten Friedrich Grass: »Edgar Julius Jung (1894–1934)«, in: Kurt Baumann (Hrsg.): Pfälzer Lebensbilder, Bd. 1, Speyer 1964, S. 320–348. Eher in den Bereich der wissenschaftlichen Beschäftigung gehören die Dissertationen des Sohnes von Friedrich Grass, Karl Martin Grass: Edgar Julius Jung, Papenkreis und Röhmkrise 1933–1934, Diss. phil., Heidelberg 1966, sowie Bernhard Jenschke: Zur Kritik der konservativ-revolutionären Ideologie in der Weimarer Republik. Weltanschauung und Politik bei Edgar Julius Jung, München 1971. Zu erwähnen ist außerdem der Aufsatz eines aus dem Umfeld von Hans-Joachim Schoeps kommenden Autors, Joachim Knoll: »Konservatives Krisenbewußtsein am Ende der Weimarer Republik. Edgar Julius Jung – ein geistesgeschichtliches Porträt«, in: *Deutsche Rundschau* 87 (1961), S. 930–940.

3 Martin Broszat: »Zur Sozialgeschichte des deutschen Widerstandes«, in: *Vierteljahreshefte für Zeitgeschichte* 34 (1986) 3, S. 293–309, hier S. 308.

4 Wolfgang Bergsdorf: »Der ermordete Ghostwriter« [Rezension von Edmund Forschbach: Edgar J. Jung. Ein konservativer Revolutionär. 30. Juni 1934, Pfullingen 1984], in: *Die Zeit* vom 29. Juni 1984.

5 Günther Nonnenmacher: »Ein konservativer Revolutionär« [Rezension von Edmund Forschbach: Edgar J. Jung. Ein konservativer Revolutionär. 30. Jun 1934, Pfullingen 1984], in: *Frankfurter Allgemeine Zeitung* vom 10. Juli 1984.

6 Joachim C. Fest: Das Gesicht des Dritten Reiches. Profile einer totalitären Herrschaft, Stuttgart o. J., S. 220.

7 Joachim Petzold: Konservative Theoretiker des deutschen Faschismus. Jungkonservative Ideologen in der Weimarer Republik als geistige Wegbereiter der faschistischen Diktatur, Berlin (Ost) 1978, S. 221.

8 1991 im Verlag für Ganzheitliche Forschung und Kultur, Struckum.

9 2013 als Bd. 4 in der Abteilung »Die Jungkonservativen« der vom Berg-Verlag, Toppenstedt, herausgegebenen Quellentexte zur Konservativen Revolution.

10 Die Übersetzung erschien 1994 und 1995 in zwei Teilen unter dem Titel: The Rule of the Inferior: Paving the Way to Nazism – a Translation of Edgar Julius Jung's »Die Herrschaft der Minderwertigen«.

11 Außerdem erschien 2007 im Leipziger Superbia-Verlag ein Sammelband mit verschiedenen Aufsätzen – Edgar Julius Jung: Sinndeutung der deutschen Revolution – und ein Nachdruck von: Föderalismus als Weltanschauung.

12 Joachim Petzold: »Konservative Revolutionsdemagogie. Edgar Julius Jungs Verhältnis zur Weimarer Republik und zur faschistischen Diktatur«, in: *Zeitschrift für Geschichtswissenschaft* 23 (1975) 3, S. 284–294; Thierry Buron: »Edgar Jung – Penseur allemand de la révolution conservatrice«, in: *Actes Augustin Cochin II, Les Cahiers de L'Ordre français*, 8, Paris 1980, S. 147–168; Hermann Graml: »Vorhut konservativen Widerstands. Das Ende des Kreises um Edgar Jung«, in ders. (Hrsg.): Widerstand im dritten Reich, München 1984, S. 172–182; Edmund Forschbach: Edgar J. Jung. Ein konservativer Revolutionär. 30. Juni 1934, Pfullingen 1984; Gilbert Merlio: »Révolution conservatrice et nationalsocialisme. Le cas d'Edgar J. Jung«, in: *Revue d'Allemagne* 16 (1984) 3, S. 383–396, wieder abgedruckt als »Edgar J. Jung ou l'illusion de la ›Révolution conservatrice‹«, in Louis Dupeux (Hrsg.): La »Révolution Conservatrice« dans l'Allemagne de Weimar, Paris 1992, S. 223–236; Larry E. Jones: »Edgar J. Jung. The Conservative Revolution in Theory and Practice«, in: *Central European History* 21 (1988), S. 142–174; Helmut Jahnke: Edgar Julius Jung. Ein konservativer Revolutionär zwischen Tradition und Moderne, Pfaffenweiler 1998; Sebastian Maaß: Die andere deutsche Revolution. Edgar Julius Jung und die metaphysischen Grundlagen der Konservativen Revolution, Kiel 2009. Besonders hervorzuheben ist allerdings die britische Dissertation von Roshan Magub: Edgar Julius Jung (1894–1934): Political Theorist and Man of Action. A Political Biography, Birkbeck: University of London 2011. Es sei außerdem der Hinweis erlaubt, daß der Verfasser sich bereits in drei größeren Zeitschriftenaufsätzen mit Jung befaßt hat: Karlheinz Weißmann: »Edgar J. Jung«, in: *Criticón* (1987) 104, S. 245–249; ders.: »Edgar Julius Jung«, in: *Schweizerische Monatshefte* 75 (1995), S. 4–17, wieder abgedruckt in ders.: Alles, was recht(s) ist. Ideen, Köpfe und Perspektiven der politischen Rechten, Graz 2000, S. 27–33; ders.: »Edgar Julius Jung«, in: *Sezession* (2004) 6, S. 4–8, außerdem stammt der Artikel »Jung, Edgar Julius« in: Caspar von Schrenck-Notzing (Hrsg.): Lexikon des Konservatismus, Graz 1996, S. 288–290, aus seiner Feder.

13 Vgl. etwa Yuji Ishida: Jungkonservative in der Weimarer Republik. Der Ring-Kreis 1928–1933, *Europäische Hochschulschriften*, Reihe 3, Bd. 346, Frankfurt a. M., Bern, New York und Paris 1988; Armin Mohler und Karlheinz Weißmann: Die Konservative Revolution in Deutschland 1918–1932. Ein Handbuch, Graz 2005; Alexandra Gerstner: Neuer Adel. Aristokratische Elitekonzeptionen zwischen Jahrhundertwende und Nationalsozialismus, Darmstadt 2008.

14 Das gilt auch für einen an sich ganz unpolitischen Beitrag im *Pfälzischen Pfarrerblatt* von 2007, der Jung als christlichen Blutzeugen wer-

tet; Friedhelm Hans: »Dr. iur. Edgar Julius Jung (1894–1934). Ein fast vergessener Widerstandskämpfer aus Ludwigshafen«, abrufbar unter http://www.pfarrerblatt.de/text_145.htm

15 Edgar J. Jung: Die Herrschaft der Minderwertigen. Ihr Zerfall und ihre Ablösung, Berlin 1927, S. 52. Künftig zitiert als Jung, Herrschaft I.

16 Louis Dupeux: »Présentation générale«, in: ders. (Hrsg.), Révolution, S. 7–13, hier S. 7. Ganz ähnlich ders.: »Das Potsdam der Konservativen Revolution«, in: Bernhard R. Kroener (Hrsg.): Potsdam. Staat, Armee, Residenz in der preußisch-deutschen Militärgeschichte, Frankfurt a. M. und Berlin 1993, S. 31–35.

17 Edgar J. Jung: »Wir Romantiker«, in: Karl August Walther (Hrsg.): Das Langemarckbuch der deutschen Studentenschaft, Leipzig 1933, S. 171–179, hier S. 178

18 Edgar J. Jung: »Die Tragik der Kriegsgeneration«, in *Süddeutsche Monatshefte* 28 (1930), S. 511–534, hier S. 511.

19 Vgl. Jenschke, Weltanschauung, S. 10. Vgl. außerdem Edgar J. Jung: Vortrag, gehalten vor der Herrengesellschaft in Breslau und Augsburg, o. O., o. J., S. 10, sowie ders.: Die Sinndeutung der deutschen Revolution, *Schriften an die Nation*, Bd. 55/56, Oldenburg i. O. 1933, S. 52.

20 Es mag für Jungs spätere Kritik des Wilhelminismus eine Rolle gespielt haben, daß es ihm in diesem vornehmen Kavallerieregiment nicht gelang, Offizier zu werden; vgl. Magub, Jung, S. 18.

21 Vgl. Magub, Jung, S. 21.

22 Edgar J. Jung: Die Herrschaft der Minderwertigen. Ihr Zerfall und ihre Ablösung durch ein Neues Reich, 2. Fassung, Berlin 1930, S. 19. Zukünftig zitiert als Jung, Herrschaft II.

23 So in einem Text von 1928, mit dem er auf die Novemberrevolution zurückblickte; zit. nach Magub, Jung, S. 24.

24 Zit. nach Magub, Jung, S. 23f.

25 Grass, Jung, S. 13.

26 Zit. nach Mugab, Jung, S. 66.

27 Vgl. Grass, Jung, S. 10.

28 Edgar Jung: »Zeitaufgaben des deutschen Akademikers«, in: *Jung-Akademischer Club München e. V. – Jahresbericht 1926/27*, München 1927, S. 3–8, hier S. 4.

29 Zit. nach Jenschke, Weltanschauung, S. 17.

30 Jung, Zeitaufgaben, hier S. 4.

31 Armin Mohler: Die Konservative Revolution in Deutschland 1918–1932. Ein Handbuch, Darmstadt ²1972, S. 139.

32 NN: Art. »Jungkonservative«, Der Große Brockhaus, Bd. 9, Leipzig 1930, S. 512f. Der Text stammt von Max Hildebert Boehm, ausweislich seiner Briefe an F. A. Brockhaus vom 23. Oktober 1930 und 8. Januar 1931 in Universitätsarchiv Jena, Nachlaß Boehm, Bestand V, Abteilung IX, Nr. 3, S. 23–27.

33 Edg.[ar] J. Jung: Die geistige Krise des jungen Deutschland. Rede vor

der Studentenschaft der Universität München, Berlin o. J. [1927?], S. 13.

34 Vgl. Jung, Herrschaft I, S. 323–326.

35 Jung, Tragik, hier S. 521.

36 Vgl. den Vorspann zu Jung, Zeitaufgaben.

37 Jung, Zeitaufgaben, hier S. 4.

38 Oswald Spengler: »Politische Pflichten der deutschen Jugend« [1924], in: ders.: Politische Schriften, Berlin und München 1934, S. 129–156, hier S. 151.

39 Spengler, Pflichten, hier S. 148.

40 Jung, Zeitaufgaben, hier S. 6.

41 Jung, Herrschaft I, S. 117.

42 Jung, Ebd.

43 In einem Begleitbrief zur Übersendung der Herrschaft, den Jung Ende Juli 1927 an Spengler schickte, war ausdrücklich die Rede von den »mannigfachen geistigen Anregungen«, die er durch die Lektüre Spenglers empfangen habe; vgl. Anton M. Koktanek (Hrsg.): Oswald Spengler – Briefe, München 1963, S. 534.

44 Edgar J. Jung: »Offener Brief an Heinrich von Gleichen«, in: Der Ring 1 (1928) 21, S. 395–397, hier S. 395.

45 Jung, Herrschaft I, S. 52.

46 Jung, Ebd., S. 124.

47 Jung, Ebd., S. 139.

48 Jung, Ebd., S. 3.

49 Jung in einem Brief an Julius Paul Köhler vom 26. November 1929; Institut für Zeitgeschichte (München), Bestand ED 159.

50 So der Verlag in einer Anzeige, zit. nach Klaus Breuning: Die Vision des Reiches. Deutscher Katholizismus zwischen Demokratie und Diktatur (1929–1934), München 1969, S. 108.

51 Jung in einem Brief an Richard Walther Darré vom 27. Oktober 1927, zit. nach Mugab, Jung, S. 109.

52 Brief von Edgar J. Jung an Heinrich von Gleichen vom Anfang Januar 1928, Bayerisches Haupt- und Staatsarchiv, Nachlaß Jung 27.

53 Max Hildebert Boehm: Ruf der Jungen. Eine Stimme aus dem Kreise um Moeller van den Bruck, Freiburg i. Br. 1933, S. 16.

54 Vgl. Forschbach, Jung, S. 12f., 21.

55 Vorbemerkung der Schriftleitung zu Jung, Brief, hier S. 395.

56 Daß selbst die Debatte über den Inhalt der Herrschaft nicht im Sinn von Feindseligkeit mißverstanden werden darf, geht schon aus dem freundlichen Ton des Briefwechsels zwischen Gleichen und Jung zum Zeitpunkt der Kontroverse hervor; man vgl. den Brief Jungs an Gleichen vom 5. Dezember 1927 in Bayerisches Haupt- und Staatsarchiv, Nachlaß Jung 27.

57 Vgl. Jahnke, Jung, S. 133, zu Anm. 248.

58 Brief von Edgar J. Jung an Heinrich von Gleichen vom Anfang Januar 1928, Bayerisches Haupt- und Staatsarchiv, Nachlaß Jung 27.

59 Brief von Heinrich von Gleichen an Edgar J. Jung vom 14. Dezember 1930, Bayerisches Haupt- und Staatsarchiv, Nachlaß Jung 27.

60 Die übrigen Teile der Charakterisierung, die Borchardt nach dem Tod Jungs in einem Brief niederlegte, sind streckenweise ausgesprochen böswillig und/oder sachlich falsch; zit. nach Stefan Breuer: »Rudolf Borchardt und die Konservative Revolution«, in: Ernst Osterkamp (Hrsg.): Rudolf Borchardt und seine Zeitgenossen, Quellen und Forschungen zur Literatur- und Kulturgeschichte, Bd. 10, Berlin 1997, S. 372–385, hier S. 382, zu Anm. 53.

61 Vgl. Jahnke, Jung, S. 182, zu Anm. 366. In der *Herrschaft* II hatte Jung davon gesprochen, daß der Kapitalismus eher eine »geistige Zuständlichkeit« als eine Wirtschaftsform sei; vgl. S. 172; außerdem waren ihm die Probleme einer »weltumspannenden Hochfinanz« sehr wohl bewußt; S. 447.

62 Edgar J. Jung: »Führung und Gesellschaft«, in: *Der Ring* 2 (1929) 43, S. 827–829.

63 Jung, Herrschaft II, S. 629.

64 So in einem Manuskript von 1928, zit. nach Magub, Jung, S. 35.

65 Jung, Herrschaft II, S. 150.

66 Jung, Zeitaufgaben, hier S. 4.

67 Vgl. Jung, Vortrag, S. 9: »Wer aber die Staatskrise als Ausfluß der abendländischen Kulturkrise begriffen hat, wird mit uns einig gehen, wenn wir nur vom ‹neuromantischen Denken‹ (Spann) die staatliche Wiedergeburt und eine neue europäische Ordnung erhoffen.« In einem Brief (fälschlich als an Pareto gerichtet identifiziert) von 1930 schrieb Jung ausdrücklich: »Durch den mir nahestehenden Wiener Soziologen Othmar Spann und das Studium der Romantiker gelangte ich in einen unüberbrückbaren Gegensatz zur modernen Massendemokratie. So reifte in mir der Entschluß, gestützt auf mitteleuropäische Verhältnisse und ausgehend von dem inneren Zustande des deutschen Reiches, eine organische Gesellschafts- und Staatslehre zu entwickeln. Ihr Niederschlag ist das […] Werk: ›Die Herrschaft der Minderwertigen‹.« Zit. nach Magub, Jung, S. 108.

68 Jung, Herrschaft II, S. 271.

69 Ebd. S. 18.

70 Vgl. ebd., S. 373.

71 Vgl. ebd., S. 337.

72 Vgl. Knoll, Staat.

73 Jung, Herrschaft II, S. 286. Selten zitiert findet man folgenden Passus aus Jung, Herrschaft II, S. 225: »Echte Demokratie, d. h. die Herrschaft der nur metaphysisch zu begreifenden volonté générale ist das höchste staatliche Ideal; es kann aus dem organischen Weltbilde nicht hinweggedacht werden. In diesem Sinne ist Demokratie vollendeter Konservativismus. Wenn die Volksherrschaft allerdings als mechanisches Mehrheitssystem aufgefaßt wird, dann beginnt eine Auslegung der De-

mokratie, welcher dieses Werk Kampf bis aufs Messer angesagt hat.«
74 Ebd., S. 293.
75 Ebd., S. 198.
76 Nach Zieglers eigenem Zeugnis begegneten sich beide zuerst zwischen 1928 und 1930; die unter Zieglers Namen veröffentlichten *25 Sätze vom deutschen Staat* waren auch als eine Art Zusammenfassung des gemeinsamen Programms gedacht; vgl. Ziegler, Jung, S. 14f., außerdem Jung, Herrschaft II, S. 86.
77 Edgar J. Jung: »Deutschland und die konservative Revolution«, in: ders. (Hrsg.): Deutsche über Deutschland. Die Stimme des unbekannten Politikers, München 1932, S. 369–383, hier S. 381.
78 Vgl. Jahnke, Jung, S. 139. Reusch war Vorstandsvorsitzender der Gutehoffnungshütte und 1927 Mitinitiator der »Ruhrlade«, eines informellen Gremiums, das eine antirepublikanische Linie der politischen Rechten finanziell und organisatorisch stützte. Reusch gehörte seinerseits zum rechten Flügel der DVP, machte aus seiner Ablehnung Weimars keinen Hehl, stand aber auch Hitler und der NSDAP feindlich gegenüber.
79 Vgl. Grass, Jung, S. 15.
80 So scheiterten seine Pläne, Chefredakteur der *Rheinisch-Westfälischen Zeitung* zu werden oder die Nachfolge Cossmanns im einflußreichen Verlagshaus Knorr und Hirth anzutreten; vgl. Magub, Jung, S. 143.
81 Vgl. Magub, Jung, S. 144.
82 Edgar J. Jung: »Konservativer Kampf«, in: *Die Laterne* 1 (1931) 8, S. 85–88, hier S. 86.
83 Brief von Heinrich von Gleichen an Edgar J. Jung vom 14. Dezember 1930, Bayerisches Haupt- und Staatsarchiv, München, NL Jung 27.
84 Brief von Heinrich von Gleichen an Edgar J. Jung vom 14. Dezember 1930, Bayerisches Haupt- und Staatsarchiv, München, NL Jung 27.
85 Zit. nach Michael Behnen: Art. »Volkskonservative Vereinigung«, in: Gerhard Taddey (Hrsg.): Lexikon der deutschen Geschichte, Stuttgart 1977, S. 1247.
86 Zit. nach Magub, Jung, S. 154.
87 Kuno Graf von Westarp war schon vor dem Ersten Weltkrieg Fraktionsvorsitzender der Konservativen im Reichstag gewesen, nach dem Zusammenbruch des Kaiserreichs gehörte er zu den Mitbegründern der DNVP, zwischen 1926 und Oktober 1928 hatte er den Parteivorsitz inne, konnte den Niedergang der Partei aber nicht aufhalten. Aus Protest gegen den Radikalisierungskurs seines Nachfolgers Hugenberg legte er im Dezember 1929 auch den Fraktionsvorsitz nieder und schied im Juli 1930 mit 25 weiteren Reichstagsabgeordneten aus der Partei aus.
88 In einem Leitartikel für die Parteizeitung – Gottfried R. Treviranus: »Die Konservativen im Aufbruch«, in: *Volkskonservative Stimmen* 1 (1930) 35 – hieß es ausdrücklich, daß man die politische Aufgabe angehe, »gestützt auf die hervorragenden Köpfe des neuen Konservati-

vismus, von Moeller van den Bruck bis Spengler, [Friedrich] Brunstäd, [Georg] Quabbe, Jung, [Hermann] Ullmann«; in derselben Ausgabe wurden auch Auszüge aus der *Herrschaft* abgedruckt; im übrigen sei erwähnt, daß Ullmann faktisch so etwas wie der Parteiideologe war und dem DHV nahestand, was den Konflikt mit Jung vorprogrammierte.

89 So die Einschätzung bei Erasmus Jonas: Die Volkskonservativen 1928–1933. Entwicklung, Struktur, Standort und staatspolitische Zielsetzung, Beiträge zur Geschichte des Parlamentarismus und der politischen Parteien, Bd. 30, Düsseldorf 1965, S. 13, zu Anm. 1.

90 Vgl. Jahnke, Jung, S. 167.

91 Vgl. Forschbach, Jung, S. 30.

92 Zit. nach Ulrich Roeske: Art.»Volkskonservative Vereinigung (VKV)«, in: Lexikon zur Parteiengeschichte, Bd. 4, S. 423–430, hier S. 426.

93 Vgl. Jonas, Volkskonservativen, S. 22. Verknüpft war diese Forderung mit der Idee, die Arbeiterschaft stärker einzubeziehen, vgl. Jahnke, Jung, S. 168.

94 Zit. nach Jonas, Volkskonservativen, S. 103.

95 Mitteilung von Karl Edrich an Armin Mohler vom 5. Mai 1979, Vermerk auf dem Exemplar im Teilnachlaß Mohler, Archiv Weißmann.

96 Es handelt sich um sechs unpaginierte Seiten, relativ eng bedruckt, in einem Format etwas größer als Oktav.

97 Edgar J. Jung:»Partei oder Bewegung?«, in: *Die Laterne* 1 (1931) 1, S. 2–5, hier S. 5.

98 Vgl. NN:»Bericht über die Sitzung des Führerrings am 18. 3. 1931 in Berlin«, in: *Die Laterne* 1 (1931) 1, S. 12. *Die Laterne* war ein internes Mitteilungsblatt der Konservativen Kampfgemeinschaft und erschien lediglich zwischen März und September 1931 in hektographierter Form.

99 Der Begriff hatte ursprünglich für einen programmatischen Sammelband aus dem Umfeld des Juni-Clubs gedient, zur Wiederaufnahme vgl. Jung, Herrschaft II, S. 679, Jahnke, Jung, S. 173.

100 In einem Brief an Harald Oldag schrieb er:»Dieses Jahr des Volkskonservatismus war von allen Enttäuschungen, die ich seit Jahren geschluckt habe, wohl die bitterste.« Zit. nach Forschbach, Jung, S. 31.

101 Nach dem Exemplar, das sich erhalten hat im Nachlaß Paul Ernsts, Deutsches Literaturarchiv Marbach 61.1263.

102 Hans Luther: Vor dem Abgrund, Berlin 1964, S. 275.

103 Ms. Rüdiger Robert Beer »Zur Geschichte der Volkskonservativen«, datiert auf den 21. August 1948; dreiseitiges Typoskript, hier Blatt 2. Exemplar im Archiv Weißmann.

104 Rudolf Pechel: Deutscher Widerstand, Erlenbach und Zürich 1947, S. 75.

105 Edgar J. Jung:»Aufstand der Rechten«, in: *Deutsche Rundschau* 58 (1931), S. 81–88, hier S. 82.

106 Edgar J. Jung:»Revolutionäre Außenpolitik«, in: *Deutsche Rund-*

schau 58 (1932), S. 86–92, hier S. 91.

107 Edgar J. Jung: »Neubelebung von Weimar?«, in: *Deutsche Rundschau* 58 (1932), S. 153–162, hier S. 160.

108 Ebd., hier S. 160. Hervorhebung im Original.

109 Ebd., hier S. 156.

110 Ebd., hier S. 159.

111 Ebd., hier S. 158.

112 Edgar J. Jung: »Die nationale Bewegung in Deutschland«, in: *Velhagen & Klasings Monatshefte* 46 (1931/32), S. 257–260, hier S. 259.

113 Jung, Neubelebung, hier S. 161.

114 Edgar J. Jung: »Die Bedeutung des Faschismus für Europa«, in: *Deutsche Rundschau* 57 (1931), S. 178–186, hier S. 186.

115 So in einer Art Denkschrift zum Thema, die sich im Nachlaß erhalten hat, zit. nach Jahnke, Jung, S. 210.

116 Jung, Herrschaft II, S. 646f.

117 Jung, Deutschland, hier S. 382f.

118 Edgar J. Jung: »Deutsche Unzulänglichkeiten«, in: *Deutsche Rundschau* 59 (1932) 11, S. 81–86, hier S. 81.

119 Ebd., hier S. 82.

120 Ebd., hier S. 82.

121 Ebd., hier S. 82.

122 Vgl. Heinrich Brüning: Memoiren 1918–1934, Stuttgart 1970, S. 99.

123 Die Äußerung fiel am Rand der Harzburger Tagung am 11. Oktober 1930 bei einer Besprechung verschiedener Funktionäre und Intellektueller, darunter neben Jung auch andere Jungkonservative wie Franz Mariaux, Erich Müller und Werner Best, zit. nach Fritz Günther von Tschirschky: Erinnerungen eines Hochverräters, Stuttgart 1972, S. 73. Es ist angesichts dessen nicht ganz klar, was Jahnke, Jung, S. 213, mit der Behauptung meint, Jung habe einen Parteieintritt kurzzeitig erwogen, nachdem ihm von seiten des *Völkischen Beobachters* Avancen gemacht worden seien.

124 Vgl. Forschbach, Jung, S. 44.

125 Jung in einem Brief an den Chefredakteur der *Rheinisch-Westfälischen Zeitung* vom 5. September 1929, zit. nach Merlio, Jung, hier S. 395, zu Anm. 1.

126 Das ist auch zu betonen gegen die Behauptung von Merlio, Jung, hier S. 385, daß Jung in Hitler lediglich einen »Konkurrenten« gesehen habe, aber keinen »politischen Feind«.

127 Zit. nach Forschbach, Jung, S. 14, dort auch die Behauptung, Jung sei »Halbjude«.

128 Hierbei mag neben der Physiognomie Jungs der enge Kontakt zu dem Herausgeber der einflußreichen *Süddeutschen Monatshefte*, Nikolaus Cossmann, eine Rolle gespielt haben, der jüdischer Herkunft war; vgl. Walter Frank: »Die stumme Seele« [1929], in ders.: Geist und Macht. Historisch-politische Aufsätze, Hamburg 1938, S. 62–72, hier S. 68;

außerdem Jenschke, Weltanschauung, S. 13, zu Anm. 11.

129 Vgl. Jahnke, Jung, S. 212, zu Anm. 470.

130 Jung, Herrschaft II, S. 126.

131 Jung sprach zwar – Herrschaft II, S. 127 – davon, daß es zwischen Deutschen und Juden »schicksalhafte Gegensätze von Volksgeist zu Volksgeist« geben könne, hatte aber – Herrschaft II, S. 668 – nur Spott für diejenigen, die »an die Legende von der jüdischen Verschwörerherrschaft« glaubten und das »Heil von der Rassenreinheit« erwarteten. Fast wie eine Prophezeiung drohenden Unheils wirkt ein Passus, Herrschaft II, S. 121, in dem es heißt, es ließen sich »die Rechte der einzelnen Staatsbürger [...] nicht abstufen nach rassenmäßigen Gesichtspunkten«.

132 Jung, Kampf, hier S. 87.

133 Vgl. Jahnke, Jung, S. 180.

134 Edgar J. Jung: »Revolutionäre Staatsführung«, in: Deutsche Rundschau 59 (1932), S. 1–8, hier S. 6.

135 Zit. nach Forschbach, Jung, S. 54.

136 Edgar J. Jung: »Verlustbilanz der Rechten«, in: Deutsche Rundschau 59 (1933), S. 1–5, hier S. 4.

137 Ebd., hier S. 5.

138 Sie erschienen dann unter dem Namen Papens mit dem Titel: Appell an das deutsche Gewissen. Reden zur nationalen Revolution, Schriften an die Nation, Bd. 32/33, sowie: Appell an das deutsche Gewissen. Reden zur nationalen Revolution. Neue Folge, Schriften an die Nation, Bd. 51/52, beide Oldenburg i. O. 1933. In einem Brief an den Verleger Stalling schrieb Jung: »Als ich [...] erkannte, daß sich Herr von Papen gemäß seiner inneren Einstellung mit dem sogenannten konservativ-revolutionären Gedankengute identifizierte und als stärkster Verkünder dieser Idee in Frage komme, entwarf ich ihm sämtliche Reden, die er während des Kabinetts Hitler gehalten hatte. Sie stammen auch in der Stilisierung zu 90 % aus meiner Feder. Ich versuchte in diesen Reden einen staatsmännisch neuen konservativen Stil zu entwickeln, der sich von dem Chaos der üblichen Propaganda abheben sollte.« Zit. nach Forschbach, Jung, S. 55.

139 Edgar J. Jung: »Einsatz der Nation«, in: Deutsche Rundschau 59 (1933), S. 155–160, hier S. 159.

140 Ebd., hier S. 157.

141 Vgl. Forschbach, Jung, S. 58.

142 Zit. nach Grass, Jung, S. 47.

143 Jung, Einsatz, hier S. 160.

144 Edgar Jung: »Die Herrschaft der Minderwertigen, ihr Zerfall und ihre Ablösung. Eine Selbstbesprechung vom Verfasser«, in: Die Tatwelt 4 (1928) 7/9, S. 90–95, hier S. 94.

145 Jung, Sinndeutung, S. 18f.

146 Walter Gerhardt [d. i. Waldemar Gurian]: Um des Reiches Zukunft. Nationale Wiedergeburt oder politische Reaktion?, Freiburg i. Br. 1932, S. 111.

147 Vgl. Forschbach, Jung, S. 82.

148 Zwischen August und Dezember soll Jung unter einer Depression gelitten haben; vgl. Grass, Jung, S. 77.

149 Franz von Papen: Der Wahrheit eine Gasse, München 1952, S. 351.

150 Grass, Jung, S. 50.

151 Die Bezeichnung ist neueren Datums und taucht in der älteren Literatur nicht auf; daß Jung die treibende Kraft war, ist unstrittig, allerdings fraglich, ob er seinen Führungsanspruch tatsächlich so weitgehend durchsetzen konnte, wie der Begriff suggeriert; vgl. Hermann Graml: »Edgar-Jung-Kreis«, in: Wolfgang Benz und Walter H. Pehle (Hrsg.): Lexikon des deutschen Widerstandes, Frankfurt a. M. 2001, S. 204–207.

152 Vgl. Tschirschky, Erinnerungen, S. 102f.

153 Dazu detailliert Heinz Höhne: Mordsache Röhm. Hitlers Durchbruch zur Alleinherrschaft 1933–1934, Spiegel-Buch, Bd. 54, Hamburg 1984, S. 232.

154 Vgl. Petzold, Theoretiker, S. 314.

155 Edgar J. Jung: »Die christliche Revolution«, in: *Deutsche Rundschau* 59 (1933), S. 142–145, hier S. 142.

156 Jung, Revolution, hier S. 145.

157 Vgl. etwa die Formulierung in einem undatierten Rundschreiben Jungs: »Ich nenne diese Linie die konservativ-revolutionäre Linie; sie ist dem Zeitgeiste angepaßt und entspricht wohl am stärksten dem politischen Wollen Moeller van den Brucks.« Zit. nach Volker Mauersberger: Rudolf Pechel und die »Deutsche Rundschau«. Eine Studie zur konservativ-revolutionären Publizistik in der Weimarer Republik, Studien zur Publizistik, Bd. 16, Bremen 1971, S. 228. Er hatte außerdem schon einen ausgesprochen verehrungsvollen Nachruf bei Moellers Tod veröffentlicht; vgl. Jahnke, Jung, S. 128.

158 In einem Brief an Julius Paul Koehler vom 13. Januar 1931 hieß es ausdrücklich, man müsse gegen die »scheussliche [sic] Verballhornung des Dritten Reiches durch die Nationalsozialisten urbi et orbi verkünden, welches das Wesen des Dritten Reiches ist.« Bestand Institut für Zeitgeschichte (München) ED 159.

159 Jung, Herrschaft I, S. 13.

160 Ebd., S. 36.

161 Ebd., S. 37.

162 Ebd., S. 36.

163 Die Behauptung, daß Jungs Bekenntnis nur formaler Natur gewesen sei, überzeugt jedenfalls nicht; vgl. Jahnke, Jung S. 21. Ganz ähnlich schon Mohler, Revolution, S. 141.

164 Jung, Tragik, hier S. 513.

165 Edgar J. Jung: »Die deutsche Staatskrise als Ausdruck der abendländischen Kulturkrise«, in: Karl Haushofer und Kurt Trampler (Hrsg.): Deutschlands Weg an der Zeitenwende, München 1931, S. 109–124, hier

S. 113. Es handelt sich um einen Beitrag für einen Sammelband, der einen interessanten Querschnitt durch die sonst weniger beachteten Positionen der süddeutschen Richtung der Jungkonservativen bietet.

166 Jung, Herrschaft II, S. 271f., 340.

167 Vgl. dazu Breuning, Vision, S. 108, 207. In Jung, Herrschaft II, S. 85, war schon die Rede vom Katholizismus als letztem Halt, für den Protestantismus wurde nur eine Zukunft in der Ökumene gesehen, vgl. Jung, Herrschaft II, S. 62. Daß die Sympathie eine gegenseitige war, ist auch der Rezension der ersten Fassung der *Herrschaft* in der einflußreichen katholischen Zeitschrift *Hochland* zu entnehmen; vgl. Josef Aquilin Lettenbaur: »Die Herrschaft der Minderwertigen. Kritische Betrachtungen zum Buche von Edgar J. Jung«, in: *Hochland* 25 (1928), S. 655–661.

168 Die Idee spielte auch bei Berdjajew eine Rolle und korrespondierte selbstverständlich mit Spekulationen über ein »Drittes Reich«, vgl. Jung, Herrschaft II, S. 87.

169 Jung, Sinndeutung, S. 90.

170 Vgl. Forschbach, Jung, S. 80f., Tschirschky, Erinnerungen, S. 107f.

171 Jung, Sinndeutung, S. 23.

172 Edgar J. Jung: »Deutschland ohne Europa«, in: *Deutsche Rundschau* 60 (1934), S. 73–78, hier S. 78.

173 Jung, Herrschaft I, S. 144f., Herrschaft II, S. 340f.

174 Jung, Herrschaft II, S. 341.

175 Bei allem Vorbehalt gegenüber dem Quellenwert, wird man doch annehmen können, daß die von Friedrich Hielscher mitgeteilte Feststellung – Jung habe unmittelbar nach der Machtübernahme Hitlers gesprächsweise geäußert, er lehne zwar Wilhelm II. ab, glaube aber, daß während des Kaiserreichs »die staatstragende Schicht noch anständig« gewesen sei – dessen tatsächlicher Auffassung entsprach; Friedrich Hielscher: Fünfzig Jahre unter Deutschen, Hamburg 1954, S. 260.

176 Hitlers Haltung gegenüber der Monarchie war – wie übrigens die gegenüber jeder anderen Institution – von dem Grundsatz bestimmt, daß es weniger auf die Verfassungsform als auf die Verfassungswirklichkeit ankomme. Dementsprechend fand sich schon in Mein Kampf eine prinzipielle Hochschätzung der Monarchie wegen ihrer Stabilität und ihres »kulturellen Wertes«, bei scharfer Kritik an ihrer »Dekadenz« in der Vorkriegszeit; vgl. Adolf Hitler: Mein Kampf [1925/1927], München [227/231]1937, S. 259, 303. Nach dem Abschluß der Machtübernahme im eigentlichen Sinn hat sich Hitler verschiedentlich gegen jede Restauration ausgesprochen, sehr entschieden etwa in einem Tischgespräch vom 31. März 1942, in dem er ausdrücklich erklärte: »Das deutsche Reich müsse Republik sein. Der Führer sei zu wählen. Er sei mit absoluter Autorität auszustatten.« Zit. nach Rainer Zitelmann: Hitler. Selbstverständnis eines Revolutionärs, Stuttgart ²1989, S. 430.

177 Vgl. Papen, Wahrheit, S. 369. Hier vermerkte Papen immer noch be-

eindruckt: »Fast war ich erstaunt, wie schnell mein Vorschlag eine positive Reaktion fand.«

178 Schwer zu entscheiden ist, ob auch die breiten Ausführungen zur Außenpolitik in diesen Zusammenhang gehören. Sie entsprachen, was etwa die Kritik am Nichtangriffspakt mit Polen betrifft, durchaus der Stimmungslage im konservativen Deutschland. Ähnliches darf man auch für die Kritik an den sozialistischen Zügen der NS-Politik behaupten, die sich inhaltlich mit dem deckt, was Jung früher zum Thema Nivellierung der gesellschaftlichen Unterschiede geäußert hatte.

179 Abschrift von »Denkschrift Edg. Jungs an Papen, verfaßt im April 1934«, Bestand Institut für Zeitgeschichte (München) 2375/59, Blatt 7.

180 Jung, Denkschrift, Blatt 8; vgl. die Wiedergabe der Hauptinhalte bei Tschirschky, Erinnerungen, S. 157–160. Die Zuverlässigkeit der Aussagen Tschirschkys wird – ohne weitere Erklärung – nachhaltig in Frage gestellt bei Horst Mühleisen: »Das Testament Hindenburgs vom 11. Mai 1934«, in: *Vierteljahreshefte für Zeitgeschichte* 44 (1996) 3, S. 355–371, bes. S. 359. Daß man dieser Einschätzung mit einer gewissen Vorsicht begegnen sollte, ist der Tatsache zu entnehmen, daß Mühleisen offenbar nichts von der Autorschaft von Jung für Papens Buch *Appell an das deutsche Gewissen* weiß und auch den Tarncharakter von dessen Sprachgebrauch verkennt.

181 Jung, Denkschrift, Blatt 7.

182 Ebd., Blatt 7.

183 Ebd., Blatt 6.

184 Ebd., Blatt 9.

185 Ebd., Blatt 6.

186 Ebd., Blatt 10.

187 Vgl. Ziegler, Jung, S. 60f.

188 Papens spätere Behauptung, er selbst habe die Rede geschrieben, ist ohne Zweifel unwahr; vgl. Papen, Wahrheit, S. 346; vgl. die deutlich andere Akzentuierung auf S. 363f.

189 Zit. nach Forschbach, Jung, S. 104.

190 Mit der Begründung, daß der Redetext bereits an die in- und ausländische Presse gegeben worden sei, vgl. Tschirschky, Erinnerungen, S. 172, außerdem Grass, Jung, S. 227.

191 Zit. nach dem vollständigen Abdruck bei Forschbach, Jung, S. 154–174, hier S. 156.

192 Zit. nach ebd., S. 161.

193 Zit. nach ebd., S. 163.

194 Zit. nach ebd., S. 158.

195 Zit. nach ebd., S. 161.

196 Zit. nach ebd., S. 166.

197 Vgl. Grass, Jung, S. 237.

198 Papen, Wahrheit, S. 349; immerhin soll es bei Gelegenheit des Deutschen Derbys in Hamburg kurze Zeit später zu öffentlichen Sympathie-

bekundungen und »Heil Marburg«-Rufen des Publikums gekommen sein, als Papen erschien; vgl. Höhne, Mordsache, S. 235.

199 Joseph Goebbels: Tagebücher, hrsg. von Ralf-Georg Reuth, Bd. 2, München ²1991, S. 841, Eintrag vom 29. Juni 1934. Dort auch noch der ausdrückliche Vermerk, daß man sich der Verfasserschaft Jungs für die Marburger Rede allgemein bewußt war.

200 Vgl. die Dokumentation in: Herbert Michaelis und Ernst Schraepler (Hrsg.): Ursachen und Folgen, Bd. 10, Berlin (West) 1976, S. 163f.

201 Vgl. Buron, Jung, hier S. 165.

202 Diese Angabe wird von Forschbach, Jung, S. 127, ausdrücklich in Frage gestellt, obwohl er weder eine Begründung liefert, noch ein alternatives Datum angibt.

203 Zit. nach Magub, Jung, S. 243.

204 In einem Brief soll Schleicher im Frühjahr 1934 geäußert haben, es sei ein »Jammer, daß dieser Mann mir in der Papenzeit nicht über den Weg gelaufen« sei; zit. nach Forschbach, Jung, S. 105.

205 Vgl. den Begriff bei Hermann Heller: Die politischen Ideenkreise der Gegenwart, Breslau 1926.

206 Panajotis Kondylis: Konservativismus. Geschichtlicher Gehalt und Untergang, Stuttgart 1986, S. 487.

207 Jung, Herrschaft II, S. 156f.

208 Julius Evola: Le Fascisme vu de droite. Notes sur le Troisième Reich, Paris 1981, S. 123.

209 Zu diesem ganzen Zusammenhang außerordentlich kenntnisreich Hans-Thomas Hakl: »Julius Evola und die Konservative Revolution«, in: Karlheinz Weißmann (Hrsg.): Die Konservative Revolution in Europa, Berliner Schriften zur Ideologienkunde, Bd. 3, Berlin 2013, S. 83–123, hier S. 92–97. Forschbach, Jung, S. 85, betont, daß er von überhaupt keiner anderen Auslandsbeziehung Jungs Kenntnis habe.

210 Edgar J. Jung: »Was ist konservativ?«, in: *Die Laterne* 1 (1931) 2, S. 13–15, hier S. 15.

211 Jung, Romantiker, hier S. 179.

Quellentexte

Edgar J. Jung

Zeitaufgaben des deutschen Akademikers

*Der nachfolgende Text geht auf den Vortrag zurück, den
Jung bei Gründung des Jungakademischen Clubs München
am 14. Mai 1926 gehalten hat. Nachdem unter seiner Betei-
ligung eine entsprechende Vereinigung bereits im Jahr zuvor
in Berlin gebildet worden war, hatten Studenten der bayerischen Hauptstadt die Initiative ergriffen und für ein er-
stes Treffen in den Räumen des Herrenclubs im Palais Prey-
sing gesorgt. Bei dieser Gelegenheit referierte Jung über die
»Zeitaufgaben des deutschen Akademikers«.*

*Man merkt seinen Ausführungen an, wie sehr sie als Ant-
wort auf die berühmte Rede Oswald Spenglers vor dem
Hochschulring Würzburg über die »Politischen Pflichten
der deutschen Jugend« gedacht waren. In seiner Ansprache hatte Spengler nicht nur vor einem allzu selbstgewissen
Führungsanspruch des Akademikers, sondern auch vor der
Annahme gewarnt, daß es genüge, auf überkommene Vorstellungen zurückzugreifen und sich mit der Pflege gewisser studentischer Traditionen zu begnügen, in politische Romantik oder politischen Aktivismus zu flüchten. Trotz seiner
Vorbehalte gegenüber einer kulturpessimistischen Haltung
pflichtete Jung Spengler in den entscheidenden Punkten bei.
Darüber hinaus zeigte sich hier zum erstenmal in Umrissen,
was man Jungs metapolitisches Programm nennen könnte,
allerdings in der frühen – »nationalistischen« – Variante.*

Am 2. Juni 1926 trat dann die erste Hauptversammlung

des Jungakademischen Clubs München in den Räumen des Korps Rheno-Palatia zusammen, um die formelle Gründung zu vollziehen. Bereits zu diesem Zeitpunkt umfaßte der Club 123 Mitglieder, darunter neben Studenten, Referendaren und dem wissenschaftlichen Mittelbau auch eine ganze Reihe von Professoren wie den berühmten Mediziner Ferdinand Sauerbruch oder die renommierten Historiker Karl Alexander von Müller und Walter Otto; hinzu kamen Spengler selbst und der Herausgeber der einflußreichen Süddeutschen Monatshefte, *Paul Nikolaus Cossmann. Unter den Jüngeren seien erwähnt Edmund Forschbach, ein enger Freund Jungs, der nach dem Zweiten Weltkrieg eine erhebliche Rolle für den Aufbau der CDU spielen sollte, der später zu den wichtigsten intellektuellen Parteigängern des Nationalsozialismus zählende Schriftsteller Hanns Johst sowie eine der künftigen Zentralfiguren des* Tat-Kreises, *Giselher Wirsing.*

Der Abdruck des Textes von Jung folgt der Wiedergabe in Jung-Akademischer Club München E. V. Jahresbericht 1926/27, *Selbstverlag, München 1927, S. 3–8. (K.W.)*

Alle Versuche, nach dem Kriege auf nationalpolitischem Gebiete eine fruchtbare Arbeitsgemeinschaft zu schaffen, haben sich als unzulänglich herausgestellt, wenn man nicht annehmen will, daß wir Deutsche infolge unserer außerordentlich individuellen Veranlagung überhaupt unfähig sind, Arbeitsgemeinschaften größten Stiles zu schaffen. Es ist deshalb geboten, zunächst die Notwendigkeit des Jungakademischen Clubs zu begrüßen und ein nationalpolitisches Ziel in allergrößtem Umriß aufzuzeigen. Dabei muß man

davon ausgehen, daß den Vertretern der verschiedensten
Weltanschauungen die Mitarbeit ermöglicht werden soll. Es
kann daher nicht unser Ziel sein, eine gemeinsame Weltanschauung herauszuarbeiten, wohl aber gewissermaßen nach
dem dualistischen Polaritätsprinzip verschiedene Kräfte-
ströme in eine angemessene Richtung zu leiten.

Wir fassen die Schaffung einer deutschen Nation und
eines ihr angemessenen Staates als das Bestreben unserer
Arbeit auf. Dies setzt voraus, daß nach unserer Überzeugung die deutsche Nation im Sinne des sich selbst bewuß-
ten Volkes bis jetzt ebensowenig besteht wie ein Staats-
wesen, das als dem Deutschtum angemessen empfunden
würde. Schon vor dem Kriege gab es in Deutschland trotz
dessen äußerer Macht und seiner inneren staatlichen Ge-
sundheit eine starke geistige Strömung, die im besten Sinne
des Wortes oppositionell eingestellt war. Eine Vermateriali-
sierung des Deutschtums, eine Verflachung der deutschen
Kultur nach der zivilisatorischen Seite hin war der ständige
Vorwurf der Besten unseres Volkes. Der Krieg führte dann
zu einer Katastrophe, die keineswegs etwa in dem end-
lichen Unterliegen unserer ruhmvollen Armeen, sondern
in der völligen geistigen Niederlage des Deutschtums bestand. Die sinnloseste aller Revolutionen, die bedingungs-
lose Übernahme eines absolut fremden Verfassungssyste-
mes, das Schwinden jeder Staatsautorität, eine weitgehende
Korrumpierung des öffentlichen Lebens, eine Verbreite-
rung der sozialen Gegensätze, die weitere Entwurzelung
und Verflachung der Kultur, das sind im großen und ganzen die Merkmale der von mir erwähnten geistigen Niederlage. Gegenbewegungen haben eingesetzt. Die wertvollste

davon war leider ohne jede politische schöpferische Kraft, nämlich die studentische Gegenrevolution, die im Jahre 1919 die Staatsautorität wiederherstellte. Für den Teilnehmer an jener Bewegung kann heute kein Zweifel darüber bestehen, daß die Geschichte vielleicht ein negatives Urteil über jene Tat fällen wird. Die Tragödie besteht darin, daß die deutsche Studentenschaft die Kapitaldemokratie in den Sattel gesetzt hat, statt in einem Bündnis mit den idealen Kräften des Proletariats eine deutsche Lösung der sozialen Frage zu versuchen. Alle späteren nationalpolitischen Bewegungen machtpolitischer Art krankten an dem Mangel jeglicher Durchgeistigung oder beschränkten sich auf die reine Negation. Es war eine Felddienstübung der Feldwebel, die Offiziere oder gar Strategen fehlten. Auf der anderen Seite entwickelte sich eine rein geistige Bewegung. Es bildeten sich Kreise und Zirkel, es wurden Verlage gegründet und Institute ins Leben gerufen, die sich mit den Waffen der Wissenschaft und mit der Rüstung einer neuen Ethik daranmachten, die geistigen Vorbedingungen einer deutschen Wiedergeburt zu schaffen. Dies ist das einzige Zeichen, das wirklich auf die geistige Gesundung des Deutschtums hinweist. Ein ganz neues Schrifttum ist entstanden, verheißungsvolle Spuren eines positiven Literatentyps lassen sich schon feststellen, und auch auf dem Gebiete der Dichtkunst finden wir schwache Anzeichen einer neuen Grundeinstellung. Die Philosophie hat einen kräftigen Anlauf genommen, die religiöse Vertiefung schreitet vor, kurz die Quellen der deutschen Kultur beginnen spärlich aber klar zu sprudeln. Aber eine Gefahr muß erkannt werden, um den Optimismus nicht allzu laut werden zu lassen: Die geistige

Erneuerung vollzieht sich gewissermaßen unter Ausschluß
der Öffentlichkeit. Nicht als ob dabei etwa an das demokratische Prinzip der Erfassung der breiten Massen zu denken wäre, denn dieses Prinzip wird gerade von jener neu-
en Richtung mehr oder minder verneint. Es ist vielmehr die
gebildete Oberschicht, die sich heute in bedauerlicher Un-
kenntnis über jene geistigen Vorgänge befindet. Hier hat
eine akademische Arbeitsgemeinschaft einzusetzen, hier
ist ihr Arbeitsfeld gelegen. Zunächst soll einmal Klarheit
über die vorhandenen geistigen Strömungen unter den geistig Beweglichsten des Volkes erzielt werden. Dieser »Im-
puls der Zeit« muß zunächst Gemeingut der Kreise werden,
die eine Führerverpflichtung für die kommende Zeit in sich
fühlen. In diesem Zusammenhange ist ein ernstes Wort am
Platze über das Führertum des Akademikers. Im Jahre 1919,
als die Generation der Kriegsoffiziere die Universitäten be-
völkerte, lebte das brennende Gefühl in einem jeden, genau
wie im Felde, so nun auch im politischen Leben Führer des
Volkes zu werden. Dieses Gefühl der Verpflichtung gegenüber den übrigen Schichten des Volkes schwebt heute wieder in einer ernsten Gefahr. Es kann nicht scharf genug betont werden, daß man als Angehöriger eines akademischen
Berufes noch lange kein Führer ist! Sogar dort, wo man es
annehmen sollte, ist dies nicht der Fall, nämlich beim Un-
ternehmer! Der Arbeiter lehnt heute die Führung durch
denjenigen, von dem seine Existenz abhängt, vom Arbeitgeber, ab. Zwischen Arbeitgeber und Arbeitnehmer sind zwei
Funktionäre eingeschoben, der Gewerkschaftssekretär und
der Syndikus. Was für dieses Beispiel gilt, ist noch viel be-
rechtigter für die sonstigen akademischen Berufe, die kraft

Stand niemals Führer des Volkes sind, sondern allenfalls auf dem Wege der Demagogie. Wenn man mit kritischem Auge die heutige studentische Generation betrachtet, so drängt sich einem die Besorgnis auf, ob wir uns auf einem guten Wege befinden.

In einer akademischen Fachschrift war kürzlich zu lesen, der Student betrachte heute die Universität ebenso als Vermittlerin von Fachwissen wie der Mechaniker beispielsweise eine Schlosserschule. Mag auch eine Übertreibung dabei stattfinden, feststeht, daß die heutige Studentenschaft gewiß auch unter dem wirtschaftlichen Drucke der Zeit dem Begriffe der Universitas immer mehr entfremdet wird. Es kann aber nicht dringend genug betont werden, daß der junge Akademiker, ganz gleich welcher Disziplin, mehr denn je die Pflicht hat, die großen Zusammenhänge des sozialen Lebens begreifen zu lernen, da sonst das sogenannte akademische Führertum zur Phrase wird. Wenn von einer jungakademischen Bewegung hier gesprochen wird, so hat dies nicht etwa seinen Grund in einer Zurücksetzung der älteren Generation oder in dem Glauben, als ob Jungsein schon für sich ein Verdienst darstelle. Wir Akademiker des Weltkrieges sehen vielmehr unsere Pflicht darin, das Erlebnis völkischer Not und völkischer Gemeinsamkeit an die Jüngeren weiter zu vererben und es zu einer bleibenden Errungenschaft und damit zur Basis eines neuen Gebäudes des Deutschtums zu machen.

Nach diesem Bekenntnis zur geistigen Sammlung, zum Akademikertum und zur Jugend, geboren aus der geschichtlichen Notwendigkeit, ist noch auszuführen, wie wir uns die Arbeit selbst vorstellen. Drei absolute Werte sind es, zu denen wir uns ohne Rücksicht auf die Weltanschauung des einzelnen bekennen: das deutsche Volkstum, die deutsche Kultur und der deutsche Staat. Dabei sind wir uns klar, daß diese Werte erst erwachsen können auf einer metaphysischen Basis, die nur die innige Verbundenheit mit Gott sein kann. Werte können niemals rein rationell verankert sein, sie bekommen ihren letzten Bestand immer nur durch religiöse Kräfte, auf der anderen Seite werden die von mir erwähnten drei absoluten Werte, das völkische, das kulturelle und das Staatsleben auch dort erfaßt werden müssen, wo es sich scheinbar nur mit der Materie befaßt, nämlich das Wirtschaftsleben. Die Wirtschaft wird also überall in den Kreis unserer Betrachtungen mit einbezogen werden, aber einen Selbstwert können wir ihr niemals zuerkennen.

Welche ungeheure Aufgaben auf dem Gebiete des Volkstums angepackt werden müssen, wenn dasselbe nicht einem sicheren Schwund anheimfallen soll, sei nur kurz angedeutet. Es ist dies einmal die Frage unserer falschen und echten Minderheiten, die anderen Nationalstaaten angehören und deren Bestand auf das äußerste bedroht ist. Hier haben sich in den letzten sieben Jahren grundlegende Wandlungen vollzogen und kann man ohne Zweifel von einem positiven Fortschritt sprechen. Weniger beachtet wird leider die innere Siedelung. Völlig abhanden scheint die Kenntnis gekommen zu sein, daß Landbesitz kein Gewerbe wie jedes andere, sondern Grundlage des Volkes und Staates ist. Ein noch kostbareres Gut ist indessen die physische Volkskraft. Daß wir in bezug auf den Geburtenrückgang in etwa zehn Jahren den vierzigjährigen Vorsprung Frankreichs eingeholt haben, muß einen jeden, der geschichtlich zu denken ver-

steht, außerordentlich nachdenklich stimmen. Ebenso dürfte schon feststehen, daß diese verhängnisvolle Entwicklung
nicht nur wirtschaftliche, sondern in erster Linie psychologische Ursachen hat. Hier liegt ein völlig unbeackertes
Gebiet vor uns. Endlich kann man als Volkstumsproblem
auch die sogenannte soziale Frage auffassen. Es liegt auf der
Hand, daß durch die Verstärkung der kapitalistischen Entwicklung dieses Problem auf die Dauer nicht mit Staats-
trinkgeldern gelöst werden kann. Wir haben uns zu einem
Staatssozialismus entwickelt, der die Wirtschaft zerstört,
auf der anderen Seite aber die soziale Unzufriedenheit nur
stimuliert. Auf die Dauer werden wir in die Reihe der welt-
bestimmenden Völker nur dann einrücken können, wenn
die soziale Geschlossenheit der Nation wiederhergestellt ist.
Die bisherigen Methoden sind abwegig. Auch die Einwir-
kungen der Außenpolitik, zum Beispiel des Londoner Ab-
kommens, auf die soziale Entwicklung und auf die Bevölke-
rungsbewegung sind Fragen allerernstester Natur.

Auch auf dem weiten Gebiete der deutschen Kultur stellt
es sich immer mehr heraus, daß wir vor einer Wende bisher
als unumstößlich richtig angesehener Anschauungen stehen.
Nicht die Ziffer der Analphabeten ist der letzte Gradmesser
der Kultur eines Volkes, sondern die innere seelische Stärke
desselben. Es wird zu untersuchen sein, ob nicht ein neues
Erziehungsprinzip an Stelle desjenigen des 19. Jahrhunderts
Platz zu greifen hat. Ob es auch nicht eine Grenze gibt, über
die hinaus ein Volk seine intellektuelle Schicht nicht vergrö-
ßern darf, wenn es nicht moralischen Zersetzungserschei-
nungen sich aussetzen will. Ob die zu vermittelnde Bildung
nicht in stärkerem Maße von charakterlichen als rein wirt-

schaftlichen Bestandteilen getragen werden soll, ob nicht die Vorbereitung zu gewissen Spezialberufen auf eine ganz neue universalistische Erziehungsbasis gestellt werden soll. Schließlich, ob nicht an Stelle der großen Schule der allgemeinen Wehrpflicht eine ähnliche Schulung der erwachsenen Jugend treten muß. Zu diesen reinen Erziehungsfragen gesellt sich das unermeßliche Gebiet der Künste, die doch kaum mehr als letzter Ausdruck der Volksseele anzusehen sein dürften. Ein Blick auf die heutige Bühne könnte zum kulturellen Pessimismus führen. Auch hier wären positive Strömungen zu untersuchen, ihnen Richtung zu geben und sie zu unterstützen. Endlich gehört hierher das umfassende Gebiet des deutschen Gesellschaftslebens mit seiner mehr oder minder starken Verderbung durch gewisse barbarische, koloniale Einflüsse, die uns hauptsächlich von Amerika beschert werden. Man vergegenwärtige sich nur die kulturelle Widerstandslosigkeit des Deutschtums auf dem Gebiete des Tanzes und der Tanzmusik. Schließlich wären auch die soziologischen Vorbedingungen der Kultur zu untersuchen, die Bedeutung der einzelnen Gesellschaftsschichten und der Geschlechter für die Kultur.

Das gewaltige Gebiet der staatlichen Zusammenfassung des Volkes ist wohl dasjenige, auf welchem sich die Unzulänglichkeit der Gegenwart am stärksten fühlbar gemacht hat. Die Negation der bestehenden Zustände ist wohl eine Allgemeinerscheinung geworden. Die produktive Zielweisung für die Neugestaltung läßt noch zu wünschen übrig. Hier wären zunächst die metapolitischen Grundlagen des Staates zu prüfen und beispielsweise festzustellen, ob nicht der hemmungslosen Übernahme der französischen Revolutionsidee ein neues staatliches Ideal entgegengesetzt werden könnte. Hier müßte zunächst die Grundlage unseres Staatsaufbaues untersucht werden, nämlich die These der unbedingten politischen Gleichberechtigung, die sich im Wahlsystem auswirkt. Daneben läuft zum Beispiel auch die mehr soziologische wie staatsrechtliche Frage, ob durch die sogenannte politische Gleichberechtigung der Frau die deutsche Familie nicht ernsthaft in ihrem Bestande bedroht ist, ob es mit anderen Worten überhaupt berechtigt ist, Individuen zur Grundlage des Staates zu machen an Stelle natürlicher Verbände wie der Familie. Des weiteren ergibt sich die bedeutsame Frage der Trennung von Politik und Wirtschaft, die heute so eng miteinander verfilzt sind, daß beide an dieser Vermischung zugrunde zu gehen drohen. Endlich wäre hier die Frage der Regierungsform näher zu studieren, die einem zukünftigen Staate angemessen ist. Die Sicherstellung einer solchen Regierungsform wäre nur zu erreichen durch die vorherige Gesundung der Auslesemöglichkeit der Führer. Da der Staat das Volk in seiner Gesamtheit gegenüber anderen Völkern vertritt, eröffnet sich hier die Perspektive auf die Außenpolitik, die in der heutigen Lage Deutschlands wie jede gesellschaftliche Betrachtung nur eine Politik der Gewinnung der eigenen Freiheit sein kann. Aber die Schaffung eines neuen gesellschaftlichen Ideals gegenüber dem von 1789 gewinnt noch eine besondere Bedeutung für unsere Beziehungen zu anderen Völkern. Es darf der schöpferische Staatswille ebensowenig wie der schöpferische Kulturwille beim eigenen Volke stehenbleiben, es muß vielmehr das wahre Schöpfertum immer ausstrahlen auf die gesamte Kulturwelt. Dieses Bewußtsein, eine Mission für die Menschheit zu verkörpern, war die Stärke Frankreichs seit 1789, ist die Grundlage des angelsächsischen Weltreiches und ist heute der Vorteil Rußlands.

Dies sind in knappen Andeutungen die Fragen, welche sich für das Arbeitsgebiet einer jungakademischen Vereinigung ergeben. Der Bogen scheint mit Absicht weit gespannt, aber die Aufgabe einer geistigen Aussprache ist ja nicht die Erreichung eines praktischen Zieles, das im allgemeinen nur schrittweise erlangt werden kann. Für uns dreht es sich darum, für ein Menschenalter bestehende Eindrücke zu vermitteln und einer Entwicklung auf sehr lange Sicht hinaus eine gewisse Zielstrebigkeit zu geben. Es kann auch in dem stürmischen Zeitalter, in welchem wir leben und das absolut kein friedliches und geruhsames sein wird, von heute auf morgen notwendig werden, daß eine Schicht im Volke vorhanden ist, die auch im Dunkeln und im Chaos den Weg nicht verliert und immer das rettende Licht vor Augen sieht. Aber trotz des großen Umfanges der hier aufgezeigten Aufgaben dürfen wir nicht zögern, auch in einem kleinen Kreise und für ein beschränktes Gebiet an diese Aufgaben heranzutreten. Es ist so oft in letzter Zeit von der kulturellen Einengung des deutschen Südens die Rede. Um dieser Gefahr zu begegnen, muß München wieder den Willen zu geistiger Führung aufbringen, wie in früheren Jahrzehnten. Bisher hat München bewiesen, daß die gefühlsmäßige, nationale Bewegung in seinen Mauern wohl aufgehoben war, nun ist es an der Zeit, zu zeigen, daß die nationale Bewegung im Süden auch einer gewissen Geistigkeit nicht entbehrt. Zu diesem Zwecke bitten wir, die große Skepsis, mit der mancher Gutgesinnte unserer Arbeit gegenübersteht, überwinden

zu helfen durch tätige Mitarbeit und engen, menschlichen
Kontakt. Wir können auch rein gesellschaftlich nicht zulas-
sen, daß die jungen akademischen Kreise sich in verschiedene Gesellschaftsschichten verlieren und sich so selbst fremd
werden. Menschliches Vertrauen als Gegensatz gegen die
Unanständigkeit der heutigen politischen Kampfmethoden,
etwas weniger Kritik und freudiger Wille zur Mitarbeit, das
sind unsere heutigen Wünsche!

Jungs Aufsätze in
der Zeitschrift *Die Laterne*

Die Laterne *erschien als Zeitschrift der »Konservativen Kampfgemeinschaft«, das heißt des von Jung geführten bayerischen Landesverbandes der Volkskonservativen Vereinigung, zwischen dem 28. März und dem 5. Oktober 1931. Mehr als die neun Folgen, die sich in der Bibliothek Caspar von Schrenck-Notzings befanden, sind nicht bekannt. Es handelte sich offenbar um ein nur für den internen Gebrauch gedachtes Mitteilungsorgan, dessen Vorlagen mit der Schreibmaschine geschrieben und dann hektographiert wurden; auch aufgrund dieses Verfahrens und der schlechten Qualität des verwendeten Papiers sind wahrscheinlich kaum weitere Exemplare erhalten geblieben. Jede Ausgabe der* Laterne *umfaßte zwischen 8 und 24 Seiten im Format DIN A4 und enthielt neben einigen längeren Beiträgen immer auch kurze Mitteilungen, die Angelegenheiten der Kampfgemeinschaft betrafen. Außer Jung selbst, der – mit Ausnahme der fünften, der siebenten und der letzten Folge – in allen Nummern einen größeren Aufsatz veröffentlichte (in den Nummern 1 und 5 gab er außerdem noch »Glossen zur Zeit«), trat sonst nur der Münchener Althistoriker Walter Otto als regelmäßiger Autor mit profilierten Beiträgen hervor: Otto hatte zusammen mit der Gruppe um Treviranus die DNVP verlassen. Auffällig ist, daß eine ganze Reihe anderer Mitarbeiter nur unter Pseudonym schrieb.*

Die Texte von Jung für Die Laterne *unterscheiden sich erkennbar von seinen tagesjournalistischen einerseits, von seinen eher theoretischen, wie sie zum Beispiel in der* Deutschen Rundschau *erschienen, andererseits. Sie haben einen programmatischen, verknappenden Charakter und dienten Jung offenbar dazu, die eigene Anhängerschaft auf die Kerngedanken seines Konzepts auszurichten. Dabei wird nicht nur deutlich, daß der Versuch, sich auf allen Feldern zu positionieren, zu deutlichen argumentativen Schwächen führen konnte, weil Jung sich offenbar nicht genügend auskannte (»Erziehungsfragen«, in Folge 4 vom 12. Mai 1931, S. 37–39), während an anderer Stelle der allmähliche Wandel seiner Einschätzungen (»Was ist konservativ?«, in Folge 2 vom 11. April 1931, S. 13–15) deutlicher als sonst hervortritt.*

Es ist nicht sicher, aber wahrscheinlich, daß Die Laterne *im Herbst 1931 eingestellt wurde, als Jung sein Interesse an den Volkskonservativen und der Parteiarbeit überhaupt verlor. Auch über das Erscheinen eines Nachfolgeorgans ist nichts bekannt.*

Bisher wurde Die Laterne *in der über Jung erschienenen Literatur mit Ausnahme der Dissertation von Magub nicht ausgewertet. Deshalb folgen hier jetzt die Hauptbeiträge, die aus seiner Feder stammten. Verzichtet wurde auf die Wiedergabe einer ausführlichen Erwiderung auf einen Beitrag von Jung (»Krisis des Eigentums«, in Folge 3 vom 28. April 1931, S. 25–28) und dessen Replik.*

Die Schreibweise, die sich aus dem Fehlen eines »ß« bei der verwendeten Maschine erklärt, wurde unverändert beibehalten, dasselbe gilt für Eigenheiten der zeitgenössi-

*schen Orthographie, nur offensichtliche Fehler sind still-
schweigend korrigiert. (K.W.)*

Edgar J. Jung

Partei oder Bewegung?

Das gesellschaftliche und staatliche Sein eines Volkes gestaltet sich aus den geistigen Kräften heraus, die von ihm
entwickelt werden und als wirkendes Gesetz über dem Gesamtleben eines Volkes stehen. Man mag von dem Geiste
oder dem Ungeiste einer Zeit sprechen: Immer ist er es, der
die sozialen Formen, in denen ein Volk lebt, schafft. Denn
die Vorstellung, die der Einzelne vom Leben hat, gestaltet
auch jede Art der Gruppenbildung, bis hinauf zum Staate.
Und umgekehrt wirkt der moderne Staat, der heute über die
hauptsächlichen Erziehungskräfte verfügt, wiederum entscheidend auf den geistigen Zustand seiner »Bürger« zurück.

In dem Augenblicke aber, da ein Wandel im Geiste der
Zeit anhebt, da die Umwertung aller Werte beginnt, werden
auch die gesellschaftlichen und staatlichen Formen frag-
würdig. Opposition gegen das Bestehende bildet sich. Die
Umrisse einer neuen Gesellschafts- und Staatsordnung tau-
chen am Horizont der Geschichte auf. Es genügt nicht, dass
in den Köpfen einer führenden Schicht das Wissen um eine
solche Neuordnung sich kristallisiert; es genügt auch nicht,
dass in den breiten Volksmassen die Sehnsucht zunimmt,
dem Gemeinschaftsleben einen neuen Sinn zu geben. Es bedarf vielmehr auch einer politischen Gruppenbildung, die
sich das Ziel setzt, die politische Macht zu erringen, um das
öffentliche Leben umzugestalten.

Das liberale Zeitalter bedient sich zu diesem Zwecke der

Partei. Sie entsendet Abgeordnete in die wichtigsten Organe des liberal-demokratischen Staates, in die Parlamente. Auch die sozialistische Bewegung bedient sich zu ihrer Propagierung des Parlaments, wenn sie auch als reine Kampftruppe des Klassenkampfes die Gewerkschaften aufbaut, Organisationen, die jenseits des Parteiwesens stehen. Immerhin muss beim Sozialismus berücksichtigt werden, dass er stark demokratisch war, also die Partei als gegebene Trägerin seiner Ideen und seines Programms, bejahen konnte. Neuerdings allerdings hat er sich in den ausserparlamentarischen Kampftruppen (Reichsbanner und Rotfront) ebenfalls Formen gegeben, die sich vom Parteiwesen entfernen.

Seit 1918 gibt es in Deutschland eine grundsätzliche Opposition gegen den Parteistaat – auch im nationalen Lager. Sie ist antiliberal und lehnt deshalb das Parteiwesen ab. Dementsprechend sind auch ihre Formen: Das Schwergewicht ihres Auftretens liegt ausserhalb des Parlaments, trägt also den Charakter einer Volksbewegung. Es ist nun nicht gesagt, dass diese Volksbewegung keinen Niederschlag im Parteileben finden darf. Denn wenn eine solche Volksbewegung ein praktisches Ziel hat, das innerhalb des Politischen liegt (Wehrhaftmachung, Reinigung des Kulturlebens, Jugenderziehung u.s.f.), so muss sie nach politischer Macht, streben.

Der kürzeste Weg zur politischen Macht ist aber der der Revolution. Sind die Aussichten einer Bewegung für eine revolutionäre Erhebung günstig, so verzichtet sie zweckmässig auf jeden Umweg und marschiert geradewegs auf den Staat zu. Dieses Vorgehen hat für sich, dass der archimedische Punkt gegeben ist – der Schwerpunkt der Bewe-

gung liegt ausserhalb des heutigen Systems – und der Staat
sich deshalb leichter aus den Angeln heben lässt. Auch psychologisch ist die Resonanz einer solchen Bewegung stark,
weil die Abneigung gegen das Parteiwesen gross und weil
auch eine ausserparlamentarische Bewegung jenseits aller
Parteigruppierungen mit ihren sämtlichen Gefahren steht.

Anders aber liegen die Umstände, wenn eine politische
Bewegung den revolutionären Weg eines raschen Aufmar-
sches und eines Sieges auf den ersten Anlauf aus irgendwel-
chen Gründen nicht zu gehen vermag. Politische Massen
müssen bewegt werden und das ist nur in Hinsicht auf ein
kurzfristiges Ziel möglich. Liegt dieses Ziel in weiter Ferne,
so fehlt in einem Parteistaate, bei dem das politische Leben
sich in der Hauptsache parlamentarisch abspielt, das Betäti-
gungsfeld. Die Bewegung flaut deshalb ab und wird ziellos.
Auch fehlt der Zuschauerschaft jeder Massstab für den Erfolg
der Bewegung und ihren Mitgliedern die Möglichkeit, sich
zu bewähren. Aus diesen Gründen sind die meisten Volks-
bewegungen auch dazu übergegangen sich parteimässig zu
gruppieren und sich parlamentarisch einzusetzen.

Grundsätzlich lässt sich nun zur Frage »Partei oder Bewegung« Folgendes sagen: Eine antiparlamentarische Bewegung, die den heutigen Parteistaat beseitigen will, begibt
sich immer in grosse Gefahr, wenn sie sich zur Parteiform
entschliesst. Ungestraft hat bis jetzt noch niemand den Versuch unternommen, den neuen Staat mit den Mitteln des alten zu erkämpfen. Die parlamentarischen Formen sind liberal und erstrecken ihren Zwang auch auf den, der sich trotz
seiner grundsätzlichen Abneigung – in ihren Bereich begibt.
Andererseits ist uns aus der Nachkriegsgeschichte nur ein

einziger Fall bekannt, in dem eine ausserparlamentarische
Bewegung einen klaren politischen Erfolg errungen hat:
Es war dies die von den österreichischen Heimwehren[1] er-
kämpfte Verfassungsreform, ein Sieg, der allerdings durch
den grundliberalen Schober[2] hochgradig verwässert wurde.
Dieselbe Heimwehr ist auch der Beleg dafür, dass das Überführen einer Bewegung in die Form einer Partei ein gefähr-
liches, wenn nicht tödliches Experiment sein kann. Der
Stahlhelm hat sich bis jetzt jeder Konzession an das parla-
mentarisch-politische Leben enthalten. Die Zurückhaltung
ist ihm gut bekommen. Doch muss auf der anderen Seite
gesagt werden, dass die politische Rolle, die er heute spielt,
keineswegs der Macht entspricht, die gebunden in ihm ruht.
Er hat sich also vor dem heutigen System gerettet, andererseits dafür aber darauf verzichten müssen, seine Machtmit-
tel voll einzusetzen.

Wir sehen also, dass die Frage »Partei oder Bewegung«
nicht in absolutem Sinn gelöst werden kann. Es wird dies
niemals möglich sein, weil jede politische Opposition, will
sie sich einsetzen, in das Räderwerk des liberalen Parlamentarismus gerate. Als Ausweg blieb deshalb die Entwicklung
einer geistig-politischen Bewegung. Sie trägt in sich so viele
Werte, dass sie auch auf lange Frist sich lebendig zu halten
vermag und in sorgfältig geregeltem Anlaufe immer mäch-
tiger wird. Genau im Augenblicke ihres Höhepunktes wird
sie die Macht ergreifen. Eine solche Bewegung kann nicht
nur rein politisch sein, sondern muss die gesamten Lebensfunktionen umfassen; sie muss eine totale Reformbewegung
sein, wie sie uns Konservativ-Revolutionären vorschwebt.

Daneben bleibt noch die Form der Verbindung von Bewegung und Partei, wie sie der National-Sozialismus gewählt hat. Bisher war sein Vorgehen glücklich insofern, als die Führung ausserhalb Berlins und des Parlamentes blieb, der parlamentarische Einsatz deshalb ihren Schwung nicht lähmen konnte. Neuerdings sehen die Dinge für den National-Sozialismus etwas kritischer aus, weil auch er das Gesetz seiner Haltung mehr oder weniger aus dem Bereiche der parlamentarischen Taktik in Empfang nehmen muss. Für die Zukunft lässt sich also schwer eine Voraussage geben.

Wir Konservativen täten gut daran, die Ungunst der Zeitverhältnisse in eine Tugend zu verwandeln und uns zunächst ausserparlamentarisch und nicht parteimässig zu entwickeln. Denn ungelöst und ernst bleibt die Frage, ob in diesem Augenblick eine seelisch-aristokratische Haltung, wie wir sie erstreben und fordern, auf dem Wege zu verwirklichen ist, der vom Gesetz der grossen Zahl beherrscht wird. Wir können deshalb den Streit, ob Partei oder Bewegung, begraben, seine Lösung den taktischen Gesetzen des Augenblicks überlassen und uns vorläufig darauf beschränken, unser Ideengut zu verbreiten. Wir sind im Aufmarsch und damit in einem Zustand, in dem man keine Schlacht annimmt.

Erschienen in: *Die Laterne* – Konservative Kampfgemeinschaft, Folge 1 vom 28. März 1931.

Edgar J. Jung

Was ist konservativ?

Der Wegfall der Monarchie und der Fortschrittsbazillus hatten eine merkwürdige Wirkung auf das deutsche Volk: Niemand wollte mehr konservativ sein. Das Trommelfeuer der Linkspropaganda, das jeden Konservativismus als Dummheit und Verbrechen hinstellte, – war also erfolgreich gewesen, Schuld an dieser Ausrottung der konservativen Idee trug nun allerdings auch die in Deutschland üblich gewordene Verwechslung von konservativ und reaktionär. Dazu kam eine gewisse Gegensätzlichkeit zwischen dem hochzivilisierten deutschen Westen und der ostelbischen Lebensauffassung, die nicht ohne Weiteres im Süden und Westen des Reiches verstanden wurde. Die grundfalsche und gehässige Darstellung des ostpreussischen Junkers, dem angeblich die Reitpeitsche immer vom Handgelenk herunterbaumelt, hat wesentlich dazu beigetragen, den Begriff konservativ zu diskreditieren.

Es ist höchste Zeit sich von überlebten Vorstellungen zu trennen. Reaktionär ist, wer an einem überlebten Zustande festhält und die fortschreitende Entwicklung übersieht. Reaktionär ist also ein Politiker, der die Revolution von 1918 gewissermassen ausradieren möchte durch Wiederherstellen des vornovemberlichen Zustandes. Auf der deutschen Rechten will das kein vernünftiger Politiker. Viel reaktionärer aber sind unsere Linksdemokraten: sie halten ihre demokratische Doktrin für ein ewiges Gesetz, sehen nicht, dass

die Veränderung der soziologischen Struktur die Voraussetzungen ihrer Art von Demokratie beseitigt hat, schwärmen
immer noch von der zu erringenden Freiheit und sind dabei
in der Praxis schon längst zum Gummiknüppel übergegangen, um das wildwerdende Stimmvieh, dem die Freiheit in
den Kopf gestiegen ist, zusammenzuhalten.

Wäre konservativ nichts anderes als das Festhalten an
überlebten Formen und Zuständen, dann müsste man die
Sozialdemokratie als eine hochkonservative Partei bezeich-
nen. Jeder sieht ein, dass dies ein Unsinn wäre. Andererseits
aber fühlen wir alle, dass gerade durch die Herrschaft des
Linksliberalisnus kostbare Werte schwinden und dass wir
als Volk der Auflösung entgegengehen. Welcher Art sind
nun diese Werte? Autorität und Gehorsam, Führerpflicht
und Gefolgschaftstreue, Ehrfurcht vor Gott und den Menschen, Achtung vor dem Nächsten, Verantwortungsgefühl
gegenüber der Allgemeinheit, Treu und Glauben im Wirt-
schaftsverkehr, Ehrfurcht vor dem Grossen und Härte gegen alle Minderwertigkeit, das alles sind Werte, die wir als
weltordnungsmässig empfinden, die aber heute immer stärker bedroht werden. Der Wille, diese Werte zu schützen,
entspringt der Einsicht, dass ohne sie Gesellschaft und Staat
nicht bestehen können, dass bei ihrem Schwinden das Leben unwürdig wird und ein Volk in anarchische Zustände
gerät. Es geht also um die Erhaltung der Grundlagen von
Gesellschaft und Staat. Deshalb bedarf es eines neuen Konservativismus.

Wenn nun aber das herrschende System liberal-auflö-
send ist, so muss der wahrhaft konservative Mensch sich
entschliessen, es zu bekämpfen. Nicht gegen den Staat als

solchen geht er an, sondern gegen eine Staatsform und eine regierende Klicke, die den echten Staatsgedanken erstikken. Das Volkstum gesund zu halten und es nach Innen und Aussen zu verteidigen, muss dem konservativen Menschen wichtiger sein als Verfassungsformeln einzuhalten. Jedes Recht hat nur den Zweck, das Leben zu bewahren. Werden die Lebensgesetze bedroht, dann schreiten sie auch über Verfassungsrechtssätze, die nur Menschenwerk sind, unerbittlich hinweg. Konservativ sein heisst deshalb im gegenwärtigen Augenblicke, die ewigen Grundlagen jeder menschlichen Gemeinschaft: Religion, Sittlichkeit, Befehl, Gehorsam, Gemeingeist, Hingabe erhalten wollen. Aufs Staatliche bezogen bedeutet dies das Ersetzen des heutigen Systems durch den echten Volks- und Freiheitsstaat, der auf Führung und freiwilliger Hingabe beruht.

Erschienen in: *Die Laterne* – Konservative Kampfgemeinschaft, Folge 2 vom 11. April 1931.

Edgar J. Jung

Die Krisis des Eigentums

Dem Drange nach Freiheit und persönlicher Entfaltung, der besonders den abendländischen Menschen innewohnt, entspricht auch seine Sehnsucht, über etwas Eigenes zu verfügen. Zunächst ist diese herrschaftlich empfundene Verfügungsmacht des Eigentümers etwas höchst Individualistisches. Der Mensch ist aber auch Teil eines Ganzen, ist Gesellschaftswesen, Angehöriger seines Volkes, ein Glied in der Geschlechterfolge, lebt in Familie, Sippe und Gemeinde. Neben der mikrokosmischen Lebensform des Einzelnen besteht also – von ihr untrennbar – die mikrokosmische der Gemeinschaft. Diese beiden Lebensformen müssen in einem gewissen Ausgleich zueinander stehen, soll nicht die eine oder die andere durch allzu einseitige Betonung eines der beiden Pole leiden. Der Einzelmensch mit all seinen Wünschen, seinem Denken und Tun wird in die Gemeinschaft eingegliedert durch sein lebendiges Bewusstsein, Teil eines Ganzen zu sein. Fehlt dieses Bewusstsein, dann handelt der Einzelne so, als ob er allein auf der Welt wäre und alles Geschehen nur um ihn und für ihn sich vollzöge. Hat sich der Einzelne derart aus der Gemeinschaft losgelöst, so erstreckt sich dies auch auf das Eigentum. Auch dieses fängt an nur noch private Eigenmacht zu sein, fragt nicht mehr nach Pflichten und lässt den Umstand unberücksichtigt, dass es ohne vernünftige Gemeinschaftsregelung gar nicht existieren könnte.

Denn kein Eigentum kann ohne Schutz der Gemeinschaft auf die Dauer bestehen. So stark ist kein Einzel-
ner, dass er mit Gewalt sein Eigentum gegen die Ansprüche anderer Menschen verteidigen kann. Er bedarf hierzu
der Hilfe der Gemeinschaft, die durch ihre Rechtsfor-
men das Eigentum des Einzelnen anerkennt und schützt.
Auch sonst ist das Eigentum abhängig von dem Zustande
des Staates und des Volkes, zu dem der Eigentümer gehört. Innen- und aussenpolitische Wohlfahrt eines Staates
verbürgt auch die Blüte des privaten Besitzes. Wer diesen
Zusammenhang vergisst, darf sich nicht wundern, wenn
seine Mitbürger gegen ihn, der aus seinem Eigentum nur
Rechte und keine Pflichten ableitet, sich wenden.

Die heutige Eigentumskrise besteht also zuletzt darin,
dass der Einzelmensch die Bindungen der Gemeinschaft
abgestreift hat; das Eigentum ist rein individualistisch
geworden. Diese Entwicklung hat das Römische Recht
mit seinem unumschränkten Eigentumsbegriff, der dem
Eigentümer sogar Missbrauch und Vernichtung einer Sache erlaubt, angebahnt.

Als Gegenwirkung empfiehlt man die Kollektivierung
des Eigentums, sei es in Form genossenschaftlicher Ver-
gesellschaftung, sei es durch Verstaatlichung. Der Vorschlag entspringt der Abneigung der Nichtbesitzenden
gegen jene Besitzenden, die ihre Eigentumspflichten nicht
erfüllt haben, ist also gefühlsmässig verständlich. Was
aber sind die Folgen einer solchen Kollektivierung? Doch
nur die, dass am Ende niemand mehr etwas besitzt, der
stärkste Antrieb zu schöpferischer Wirtschaftätigkeit
also erlischt. Kern des Privateigentums ist doch die For-

derung, dass der Mensch die Früchte seines Kraftaufwandes, seines Fleisses, seiner Begabung, seiner Ausdauer und seiner Enthaltsamkeit auch selber ernte. Dieser Zug lässt sich aus dem abendländischen Menschen nicht ausrotten. Er wird nicht befriedigt durch die Kollektivierung des Eigentums. Wer denkt heute beim Betrachten staatlicher Gebäude, eines Krankenkassenpalastes, eines städtischen Elektrizitätswerkes daran, dass er Miteigentümer dieser Einrichtungen sei? Der Trieb, etwas Eigenes zu besitzen, wird dadurch keineswegs gestillt. Die Kollektivierung des Eigentums führt also nur zu einer Verschärfung der Eigentumskrise, weil die Zahl der Nichtbesitzenden durch sie vermehrt wird.

Leider hat die Entwicklung des modernen Kapitalismus den Eigentumsgedanken auf das Schwerste untergraben: die Anonymität des Geldkapitals hat den Zusammenhang zwischen Mensch und Besitz unterbrochen, jene Raubzüge, die man Finanzoperationen nennt, haben den Rechtsgedanken erschüttert. Die Kollektivierung des Kapitals (Kapitalzusammenballung) bereitet den Staatskapitalismus vor. In diesem Punkte hat Karl Marx leider recht behalten. Denn die Konzentration des Kapitals expropriiert breite Volksteile.

Aussichtslos ist der Weg durch Schaffung eines staatlichen Obereigentums den allzu individualistischen Eigentumsbegriff zu korrigieren. Denn jeder beamtliche Eingriff in das Eigentum öffnet der Willkür und der Korruption das Tor. Das Eigentum muss unantastbar sein, soll es den gesunden Persönlichkeitstrieb befriedigen.

Als wichtige Gegenmassnahme bleibt deshalb zunächst

ein Vorgang, der ausserhalb des reinen Wirtschaftsgebie-
tes liegt: der Wiedereinbau des Einzelnen in die Gemeinschaft und damit die Erweckung jenes Pflichtgefühls,
ohne welches das Eigentum von den Nichtbesitzenden
nicht anerkannt wird. Zu allen Zeiten hat es Not und Ar-
mut gegeben. Ihnen gegenüber wurde ein anerkannter
Reichtum immer geduldet, wenn er als erarbeitet, verdient
und in den richtigen Händen liegend von den Massen empfunden wurde. Denn auch die Kunst, die Wirtschaftsgü-
ter zu verwalten und richtig zu verwenden, ist Sache einer
besonderen Schicht, die wie jede Führerschicht in dieser
Funktion anerkannt wird, wenn sie ihren Verpflichtungen
der Gemeinschaft gegenüber nachkommt. Entscheidend
für alle Sozial- und Wirtschaftspolitik bleibt aber der
Grundgedanke, dass die Zahl der Besitzenden vermehrt
werden muss, weil jede Expropriierung des abendländischen Menschen auf die Dauer zu seiner Revolutionierung führt. Es gilt also dem Kollektivismus, sei er kapi-
talistisch, sei er sozialistisch, entgegenzuarbeiten; es gilt
für breite Volksmassen neue Möglichkeiten zu schaffen,
Kleinbesitz zu erwerben.

Niemals aber darf der Begriff des Privateigentums mit
dem des Kapitalismus in einen Topf geworfen werden; da
ja der Kapitalismus selber ein Feind des Privateigentums
ist; der Bauer ist der ausgeprägteste Privateigentümer und
wird heute vom Kapitalismus in seiner Existenz bedroht.
Eigentumsfeindlichkeit ist deshalb liberal und sozialistisch;
der Gedanke eines neuen sittlichen und für sich werbenden
Eigentumsbegriffes und der Vermehrung der Besitzenden
ist jene konservativ-revolutionäre Lösung, die sowohl einen

entarteten Kapitalismus wie auch den drohenden und zum
Teil schon verwirklichten Sozialismus gleichermassen zu
überwinden vermag.

Erschienen in: *Die Laterne* – Konservative Kampfgemeinschaft,
Folge 3 vom 28. April 1931.

Edgar J. Jung

Erziehungsfragen

Unser Erziehungs- und Schulwesen ist nicht mehr gesund. Die materialistische Glückseligkeitslehre wirkt sich in der Auffassung aus, welche die heutigen Eltern ihren Kindern gegenüber hegen. Der Gedanke des sozialen Aufstieges und der Wunsch, die Kinder möchten es besser haben als die Eltern, beides verständliche Einstellungen, kennzeichnen den Geist, der alle Fragen der Nachkommenschaft und der Erziehung beherrscht. Hieraus kommt der Wunsch nach möglichst wenig Kindern, »um Qualität zu erzielen«. Als ob so die Erbmasse verbessert werden könnte?! Die Neigung, die Kinder über die Verhältnisse der Eltern zu erziehen, schadet häufig mehr als sie nutzt, weil dadurch die Widerstandskräfte der neuen Generation geschwächt werden. Dazu kommt erschwerend das Einkindsystem, das den Kindern die Geschwistererziehung und die Kindlichkeit nimmt. Sie werden altklug und Miniaturen Erwachsener, statt echte Kinder.

Allgemein herrscht heute noch der Glaube, Bildung sei gleichbedeutend mit Erziehung (Zucht), sie lasse sich in beliebigem Masse verbreiten, verbürge den Aufstieg des Einzelnen und das hohe Niveau eines ganzen Volkes. All diese Sätze sind nur bedingt richtig. Mit dem Aushöhlen des antiken Humanitätsideales wird die Bildung immer mehr zum Wissen und vermag nicht mehr die Seele zu formen. An Stelle des Ideals, dass der Mensch lerne, selbständig zu denken und seine Persönlichkeit zu entwickeln, tritt die Gier, möglichst viel sogenanntes reales Wissen zu schlucken. Von ihm glaubt man fälschlicherweise, es mache lebenstüchtig. In Wahrheit entfremdet unsere Schule, die grosse Teile des deutschen Volkes rund 20 Jahre begleitet, dem Leben. Sie züchtet ihm beflissene Streber, die nur auf Berechtigungsscheine ausgehen und sich ihr ganzes Leben so benehmen, als ob ihnen der Schulmeister über die Schulter schaue. Es kann kein Zweifel bestehen, dass der Kasernenhof lebensertüchtigender wirkte als 5 in irgendeinem Schulsaal versessene Jahre.

Dazu kommt der Mangel an Qualitätserziehung. In dem falschen Bestreben, in möglichst »gerechter« Weise die Bildung auf eine ganz breite Basis zu verteilen, förderte man die Überfüllung der mittleren und höheren Schulen. In einzelnen Ländern des Reiches tritt fast die Hälfte der Volksschüler in die Mittelschulen über. Da diese zum Hochschulstudium anreizen, so erleben auch die Universitäten ihre studentische Inflation. Wir wissen heute, dass auf diese Weise nicht etwa das Bildungsniveau des deutschen Volkes gehoben wurde, sondern die Qualität der Mittelschul- und Hochschulbildung gesunken ist. Denn der Satz, Bildung sei eine Sache des Geldbeutels, ist falsch, sie ist eine Sache der Begabung und sie ist biologisch begrenzt. Ja es steht zu befürchten, dass durch die Geburtenarmut der gehobenen Schichten, die biologischen Reserven, aus denen Begabungen hervorgehen, immer geringer werden.

Endlich ist die Meinung irrig, man könne einen beliebig grossen Teil des Volkes mit höherer Fachbildung ausstatten.

Die Anhänger dieser Ansicht vergessen, dass ein Volk ein
soziologisches und wirtschaftliches Ganzes darstellt, das
nur eine gewisse Anzahl von Führer-Stellungen und gehobenen Berufsposten zu vergeben hat. Wird die Zahl der
Anwärter auf diese gehobenen Stände endlos vermehrt, so
müssen sie an ihrer eigenen Konkurrenz zugrunde gehen,
büssen die Standesmoral ein und werden durch ein akade-
misches Proletariat zersetzt. Die Bildung muss rationiert
werden. Denn der Satz »Volk ohne Raum« wirkt am gefähr-
lichsten auf die gebildeten Schichten, die kein Unterkommen finden. Es ist also nicht richtig, dass Bildung Aufstieg
verbürgt, besonders dann nicht, wenn eine Inflation an Gebildeten die ganzen Prüfungen und Berechtigungen ent-
wertet. Zahlreiche Handwerkersöhne, die im Handwerk ein
Unterkommen fänden, verschlechtern so ihren Lebensstandard, nur um einen Doktortitel zu führen und der Handarbeit aus dem Wege zu gehen. An der irrigen Anschauung
aber, dass Handarbeit schände oder minderwertig sei, gehen
Völker zugrunde.

Falsch sind also Bildungsideal, Schulaufbau und Berechtigungswesen. Denkerische, seelische und körperli-
che Zucht müssen wieder in den Vordergrund der Erziehung treten. Alle Sorgfalt gebührt den Begabten und nicht
der Masse. Der Schulaufbau muss so gestaltet werden,
dass er nur in Ausnahmefällen zu den Hochschulen führt.
Diese selber hätten sich zu teilen in Fachschulen und in
reine Universitäten, auf denen wirkliches Führertum ge-
züchtet wird. Das Berechtigungswesen ist grundsätzlich
dahin zu modifizieren, dass nicht ein papierenes Zeugnis,
sondern der lebendige Mensch mit all seinen charakterli-

chen und sonstigen Fähigkeiten zum Aufstiege gebracht wird.

Der Erziehungsstand selber ist heute verbeamtet, die meisten Schulen verstaatlicht. Aus dieser Bürokratisierung resultiert unser ganzes Elend. Denn der Staat selber ist nicht der geborene Schulherr, da er ja der Schule keinen weltanschaulichen Inhalt und kein Seelentum zu übermitteln vermag. Der wahre Erzieher ist auch kein Beamter, sondern ähnelt mehr dem Künstler. Die Schule der Zukunft wird deshalb eine ständische sein, der Lehrer der Zukunft eine Art von freiem Beruf.

Erschienen in: *Die Laterne* – Konservative Kampfgemeinschaft, Folge 4 vom 12. Mai 1931.

Edgar J. Jung

Was ist liberal?

Der Liberalismus ist eine politische Richtung, eine Gegenbewegung gegen den fürstlichen Absolutismus, den Feudalismus und die Reste des einstigen Ständewesens. Der Liberalismus ist das Banner, unter dem das Bürgertum Freiheit und Herrschaft erfocht, sich wirtschaftlich und staatlich durchsetzte.

Hinter diesem geschichtlichen Vorgang steht ein geistiger. Die Weltanschauung das Liberalismus ist der Individualismus. Jene grundsätzliche Anschauung, die das Einzelleben als Selbstzweck und höchsten Wert erachtet und jede übergeordnete Lebensganzheit (Gott, Natur, Gemeinschaft, Volk, Familie) ihm unterordnet. Gesellschaft und Staat sind für den Individualisten nur dazu da, Freiheit und Entfaltungsmöglichkeit des Einzelindividuums, an dessen unbegrenzte Güte und Fähigkeit man glaubt, zu sichern. Deshalb der anhaltende Schrei nach Freiheit. Individualismus ist also eine Einstellung, welche die natürlichen Lebenseinheiten auflöst; im Atheismus trennt sich der Mensch von Gott, im Internationalismus von seinem Volk, im Pazifismus vom heroischen Opfer, in der Geburtenkontrolle von seinen Nachkommen, im Klassenkampf vom Werkstolz, in der Verstädterung von der Natur, in der Demokratie von der Führerautorität. Überall zerreissen die Bindungen und übrig bleibt ein zusammenhangloses Einzelleben, das sich ungeheuer wichtig nimmt, unun-

terbrochen Fürsorge und Pflege verlangt, immer fordert
aber selten gibt.

Individualistisch ist also der eine Pol der beiden allein
möglichen Einstellungen: entweder das Ichgefühl vorwalten
zu lassen oder das Allgefühl. Die individualistische Weltanschauung hat zunächst nichts zu tun mit Charaktereigen-
schaften wie Selbstsucht oder Hilfsbereitschaft. Damit soll
aber keineswegs die Abhängigkeit der Sittengesetze von der
Weltanschauung geleugnet werden. Der Individualismus ist
eine Weltanschauung und muss deshalb auf die Dauer zu
sittlichen Vorstellungen führen, die der Überbetonung des
Ichs entsprechen: öffentliche Moral, Gemeinsinn, Zucht,
Treu und Glauben, Opferfreude müssen unter dem Zwange
einer rein individualistischen Weltanschauung zerfallen.

Dieser Individualismus hat sich im 19. Jahrhundert
durchgesetzt: seine kulturelle und politische Stosstruppe ist
der Liberalismus; je kleiner diese Truppe geworden ist, um
so näher liegt die Vermutung, dass der Liberalismus gesiegt
hat. Die liberale Kampftruppe ist gewissermassen überflüssig geworden, weil alle ihre Ziele erreicht sind. Nun wird
vom politischen Liberalismus eingewendet, seine Aufgabe
sei gewesen, die Persönlichkeit mit ihren Schöpferkräften
zu schützen und zur Entfaltung zu bringen; gerade die Gegenwart mit ihrem Zuge zum Kollektivismus bedrohe aber
jeden Persönlichkeitswert und deshalb sei eine Erneuerung
des Liberalismus notwendiger denn je. So verfänglich diese Begründung klingt, so falsch ist sie. Man muss nämlich
wissen, dass der Liberalismus in zwei Formen aufgetreten
ist: zunächst in jener, die dem Individuum unbegrenzten
Wert und schrankenlose Freiheit zumisst, deshalb folge-

richtig die Anarchie fordert; dann in der mächtigeren und
erfolgreichen Form, die nicht zur Freiheit, sondern Gleich-
heit ruft. Sie begrenzt den Wert des Einzelmenschen auf
einen gewissen Durchschnitt. Sie anerkennt keine Persönlichkeit, sondern nur den Massenmenschen. Sie endigt in
der Demokratie. Sie ist auch die einzige real zu verwirkli-
chende Form des Liberalismus, da ja Anarchie eine Utopie
bedeutet. Man sieht also, dass der Liberalismus niemals den
Persönlichkeitswert zu sichern vermag, sondern praktisch
zur Gleichmacherei drängt.

Die individualistische Weltanschauung, verkörpert durch
den geistigen und politischen Liberalismus, hat einen Menschen mit einem Grundgefühl geschaffen, das den Wertwi-
derstreit zwischen Lebensganzem und Lebensteil (Einzelleben) zu Gunsten des letzten entschieden hat. Von diesem
Menschen spricht man als dem liberalen Menschen. Er verleugnet als Typ alles höhere Leben, all das, was in Wahrheit dem Leben des Einzelnen erst seinen Wert verleiht. Er
verleugnet Gott oder steht ihm mit Skepsis gegenüber. Religion wird zur Privatsache oder zu einem unlebendigen
Kirchenkult. Die Gesellschaft betrachtet er als das Schlacht-
feld von Einzelinteressen, auf dem der Erfolgreiche tri-
umphiert. Der Erfolg aber gehört dem Berechnenden. Der
Verstand wird deshalb zur Tugend, sittliche Grundsätze
werden zur Dummheit. Daraus entspringt eine opportu-
nistische Grundhaltung; Bekennermut und aufrechte Gesinnung erscheinen als das Privileg lebensfremder Narren.
Kein Mensch strebt mehr danach das Richtige zu tun, sondern nur mehr das Vorteilhafte. Dies gilt auch für die Partei-
und Staatsführer, die nur mehr Kompromisse schliessen und

nicht mehr das betreiben, was ihre Einsicht ihnen als notwendig vorschreibt. Man pflegt das Realpolitik zu nennen und versteht darunter ein politisches Handeln von Ultimo zu Ultimo. Grosszügige Pläne und weitgespannte Ziele fehlen, man laviert von einer Parteivorstandssitzung zur nächsten, durch die verschiedenen Pressefehden hindurch. Befehl und Gehorsam, jenes harte Zwillingspaar, ohne das es keine wahre Ordnung gibt, sind verpönt. Kultur ist aber Ordnung des Trieblebens. Jede Ordnung beruht auf Anerkennung eines höchsten Wertes, um welchen sich die andern Werte abgestuft gruppieren. Ordnung schaffen kann man nur nach einem Plan, der schöpferisch von den grossen Gesetzgebern und Staatsmännern entworfen und verwirklicht ward. Die Art dieses Planes liegt im Wesen der Weltordnung und der Gesetze, denen die menschliche Gesellschaft einmal unterliegt (Ungleichheit, Notwendigkeit der Führung, Disziplin usf.). Es ist nun klar, dass der liberale Mensch zu einer so weitgeplanten, Geschlechter umfassenden Arbeit nicht fähig ist. Er unterwirft sich den Vorteilen des Tages, der Gunst der Masse und handelt nach Glückseligkeitsdoktrinen, die auf das Einzelwohl zielen. Mit fortschreitender Zersetzung wird deshalb die liberale Politik immer anarchischer und planloser. Sie artet aus in ein System der Systemlosigkeit; dies gefährdet den natürlichen Bestand von Gesellschaft und Staat, die ohne Zucht und Ordnung nicht auskommen können, so dass das Wort Moeller van den Brucks verständlich wird: »Am Liberalismus gehen die Völker zugrunde.«[3]

Erschienen in: *Die Laterne* – Konservative Kampfgemeinschaft, Folge 6 vom 6. Mai 1931.

Edgar J. Jung

Konservativer Kampf

Vor kurzem hat Wilhelm Stapel ausgeführt, der neue Konservativismus sei nicht in seinem Wesen, sondern nur in seiner Wirkung revolutionär.[4] Es entspricht diese Formulierung meiner eigenen, dass ein Gesellschafts- und Staatssystem, das den Bestand der ewigen Menschheitswerte gefährde und sie zersetze, unter Umständen mit revolutionären Mitteln zerstört werden müsse. Die Gegenüberstellung konservativ und nationalistisch ist deshalb – ungeachtet des unterschiedlichen weltanschaulichen Ausgangspunktes – insofern verfehlt, als sie in den praktischen Schlussfolgerungen oft nur auf die Feststellung hinausläuft, der neue Konservativismus lehne jeden zerstörenden Eingriff ab, während der Nationalismus die liberale Welt gewaltsam abbauen wolle.

Die Frage kann meines Erachtens nicht ideologisch entschieden werden, sondern nur praktisch: ob eine Entwicklung revolutionär verläuft oder in einer allmählichen Umstellung, entscheiden Volkscharakter und Umstände. Während man auf der einen Seite versucht ist, dem Deutschen jede revolutionäre Fähigkeit abzusprechen, sieht das soziale Gegenwartsbild fast so aus, als ob der Liberalismus nicht friedlich abgelöst werden könne. Er hat sich so tief in das Volk hineingefressen, es dermassen entmannt und führerlos gemacht, sein Herrschaftssystem so fest in den Massen verankert, dass man zu dem Glauben neigen kann, nur eine heroische Minderheit konservativ-revolutionärer Prägung könne unter Selbsteinsatz das Erlösungswerk durchführen. Wir Konservative dürfen eine solche Einstellung nicht ablehnen. Die Natur opfert oft gewaltige Lebenswerte, nur weil ohne sie das Gesamtleben nicht gerettet werden könnte. Eine Entscheidung, ob konservativ-revolutionäre Politik Erhaltung oder Zerstörung fordern soll, ist deshalb ausserordentlich schwierig. Allein schon aus dem Grunde, weil es über die menschliche Erkenntnismöglichkeit hinausgeht, gewissermassen die »Rentabilität« der zu bringenden Opfer zu ermessen.

Der Möglichkeiten, den neuen Konservativismus zum Sieg zu führen, gibt es viele. Zunächst die, dass die Geister sich allmählich umstellen und stillwirkend auf eine Änderung der politischen Formen drängen, während der Konservativismus als solcher überhaupt keine eigene politische Formation bildet. – Dies war im Ganzen und Grossen die bisherige Methode des neuen Konservativismus. Er schreckte mit Recht vor der Parteiwerdung zurück und hatte bei dem einzigen Versuch, der bisher gewagt wurde, keinen Erfolg zu verzeichnen. Abgesehen von äusseren Umständen die dabei mitwirkten, hängt dies damit zusammen, dass die Partei eine urliberale Form und deshalb dem Konservativismus nicht angemessen ist. In der heutigen Situation muss der neue Konservativismus wohl oder übel auf eine geistige Oberschicht beschränkt bleiben und würde als Massenbewegung voraussichtlich entarten oder in seinem Wesen verfälscht werden.

Wenn man aber nun aus gewichtigen Gründen die konservative Weltanschauung nicht auf jene stillwirkende geistige Bewegung beschränken will, wenn man also glaubt, auch Politik treiben zu müssen, um sich machtpolitisch durchzusetzen, dann erhebt sich die Frage nach den Kampfformen. Sie ist nur zu beantworten, wenn das Verhältnis zwischen Führung und Masse richtig gesehen wird. Wer den Begriff der Führung schlechthin von einer Massengefolgschaft abhängig macht, der kann – weil in seinem Denken liberal geblieben – meinen Schlüssen kaum folgen. Er wird niemals einsehen, dass der Weg zur Macht auch ein unmittelbarer sein kann, ohne das Stadium einer massenmässigen Plattform. In einem konstitutionellen Staat kann der Führer ohne Massengefolgschaft kraft seiner geistigen Überlegenheit zur Macht gelangen. Generale werden Diktatoren, nicht zufolge ihrer Fähigkeit auf Massen zu wirken, sondern auf Grund ihrer militärischen Befehlsgewalt. Ein kleiner, gesellschaftlich einflussreicher Kreis kann einen Führer präsentieren, dem die Staatsgewalt zuwächst. Dies sind gesunde und normale Entwicklungen, der heutige Weg zum Staatsführer ist zum mindesten ein Umweg, wahrscheinlich ein Abweg.

Nun kommt der Einwand, der liberale Staat mit seinem Parteiwesen existiere einmal und diesem Umstand müsse Rechnung getragen werden; man könne also die Masse nicht entbehren. Gewiss ist richtig, dass heute ein Mindestmass an Durchsetzung der konservativen Gedankenwelt und an »Popularität« der sie repräsentierenden Führer notwendig ist. Wir brauchen also zwei Voraussetzungen: einmal die geistige Umkehr der Oberschicht und sodann die innere Bereitschaft der breiten Massen, sich wieder führen zu lassen. Die letzte ist zweifelsohne vorhanden, weil sie als ewiges Gesetz das Wesen jeder Gemeinschaft ausmacht. In dem Augenblick, in dem ein ethisch orientierter Führerstand auftritt, hat er auch das Ohr des Volkes. Es wird sich anfangs gegen die neue Autorität wehren, bis es durch Taten überzeugt wird. Viel schwieriger ist es um die erste Bedingung bestellt: der geistige Umstellungsvorgang geht zwar rasch, ist aber bei weitem noch nicht zu jener Reife gediehen, welche Voraussetzung aller grossen geschichtlichen Ereignisse ist. Denn die Lehre, mit der wir auftreten, ist hart: sie vergällt dem Menschen das, was er bequemerweise hören möchte. Sie geht gegen seine Triebe und Interessen an, weil sie Selbstverleugnung verlangt. Sie fordert ein Ausspringen aus gewohntem Denkgleis, sie erheischt den Verzicht auf entschuldigende Argumente der eigenen Schwäche und ein Lauschen in die Tiefe der eigenen Seele. Die Verbreitung weltanschaulicher Erkenntnisse kann deshalb nur dort eine Umstellung bewirken, wo schon die innere Bereitschaft dazu vorhanden ist. Diese wird aber nicht nur rational gefördert, sondern durch sichtbare Beweise aus einer falsch geordneten Umwelt. Und gerade jetzt stehen wir in einer Zeit, in der der Liberalismus sich selbst ad absurdum führt und auch der verbissendste Doktrinär merkt, dass er sich in der Richtung geirrt hat.

Konservativer Kampf ist deshalb im gegenwärtigen Zeitpunkte in erster Linie ein geistiges Ringen, ethisch orientierte sachliche Aufklärung derjenigen, welche die Unhaltbarkeit unserer gesellschaftlichen und staatlichen Zustände zwar fühlen, aber noch kein klares ganzheitliches Bild besitzen. Darüber hinaus entsteht durch die Vertiefung und Abrundung des konservativen Gedankengutes eine Gesinnungsgemeinschaft. Sie soll die Isolierung des Einzelnen überwinden und so den Mut zum öffentlichen Bekenntnis stählen. Wer machtpolitischen Augenblickserfolg und organisatorische Freuden sucht, wie sie die Mitgliedschaft bei einer erfolgreichen Massenorganisation (Partei) verleiht, bleibt in liberalen Vorstellungen stecken und kommt bei uns nicht auf seine Rechnung.

Wir brauchen den Glauben an den Sieg der Idee und das Vertrauen, dass unser Volk noch so gesund ist, sich zu den von uns verteidigten ewigen Werten zurückzufinden. Ein solcher Glaube stellt die gröbsten Anforderungen an unsere innere Kraft. Wir modernen Zivilisationsgewächse haben den Schwerpunkt unseres Seins soweit in die Umwelt verlegt, dass wir labil werden, wenn wir keine äusserlichen Erfolge sehen. Wir brauchen deshalb die seelische Schwerkraft des Bauern, der auch nach der zehnten Missernte noch an die Fruchtbarkeit seines Bodens und seiner Tätigkeit glaubt; nur auf das Geistige übertragen.

Viele werden dabei müde werden und abspringen. Wer aber bei uns bleibt, wird innerlich befriedigt werden, weil jede Selbstüberwindung ihrem Träger zugute kommt. Wenn aber die Zeit reif ist, so wird ein Sieg winken, der gerade wegen der vielen Rückschläge, die ihm vorausgingen, zum Lebensinhalte werden kann.

Erschienen in: *Die Laterne* – Konservative Kampfgemeinschaft, Folge 8 vom 4. Juli 1931.

Anmerkungen

1 Als Heimwehren wurden jene »Selbstschutzverbände« bezeichnet, die ähnlich den Freikorps und Einwohnerwehren der unmittelbaren deutschen Nachkriegszeit auch in Österreich entstanden. Sie existierten auch nach dem Ende der Unruhen fort, lehnten sich anfangs mehr oder weniger stark an die Christlich-Sozialen an, entwickelten aber in der zweiten Hälfte der zwanziger Jahre, ausgelöst durch die innenpolitische Krise der Republik, zunehmend Selbstbewußtsein und verlangten ein politisches Mitspracherecht. Das Bemühen des Bundesführers Rüdiger von Starhemberg, die Bildung eines autoritären Staates zu erreichen, scheiterte allerdings genauso wie der Versuch, sich – unter der Bezeichnung »Heimatblock« – an Wahlen zu beteiligen. Letztlich entstand ein kleinerer radikalerer Flügel, der sich in Putschversuchen aufrieb, im Gegensatz zur Majorität unter Starhemberg, die den Weg in den Ständestaat mitging und nach der Neuordnung von 1934 eine Art Milizfunktion übernahm.

2 Gemeint ist der österreichische Beamte und Politiker Johann Schober (1874–1932), der schon in der Zeit der Monarchie als hochrangiger Polizeibeamter gedient hatte und in der Zeit der Ersten Republik vor allem als Polizeipräsident von Wien fungierte. Aufgrund dieser Stellung war er auch maßgeblich für die blutige Niederschlagung der von den Sozialisten getragenen Julirevolte 1927 verantwortlich. Die dadurch ausgelöste Staatskrise gab ihm die Gelegenheit, zum zweitenmal an die Spitze eines aus Fachleuten sowie Vertretern der bürgerlichen Rechten bestehenden Kabinetts zu treten. Er erreichte eine Verfassungsreform, die die Exekutive stärkte und hatte dafür die Unterstützung der Heimwehr, versuchte die Wehrverbände aber gleichzeitig zu entmachten, was zu massiven Auseinandersetzungen und letztlich zu seinem Rücktritt am 25. September 1930 führte.

3 Der Satz wird oft in dieser Form zitiert, lautet aber eigentlich »An Liberalismus gehen die Völker zu Grunde«; vgl. [Arthur] Moeller van den Bruck: »An Liberalismus gehen die Völker zu Grunde«, in ders., Heinrich von Gleichen und Max Hildebert Boehm (Hrsg.): Die neue Front, Berlin 1922, S. 5–34. Das Kapitel in diesem Sammelband geht auf eine Aufsatzreihe in der Zeitung *Das Gewissen* zurück und wurde später in Moellers Hauptwerk, *Das dritte Reich*, übernommen. Moeller van den Bruck (1876–1925) war bis zu seinem frühen Tod der Meisterdenker des jungkonservativen Lagers.

4 Die Feststellung bezieht sich auf den sehr einflußreichen Publizisten Wilhelm Stapel (1882-1954), der als Chefredakteur und Herausgeber der

Zeitschrift *Deutsches Volkstum* eine der wichtigsten Publikationen des
konservativ-revolutionären Lagers leitete. Auch zu ihm scheint die Be-
ziehung Jungs nicht spannungsfrei gewesen zu sein. Es fällt jedenfalls
auf, daß lediglich die erste Fassung der Herrschaft der Minderwertigen
überhaupt und das nur relativ versteckt im *Deutschen Volkstum* gewür-
digt wurde; vgl. den Beitrag von Lemberg in der Rubrik »Neue Bücher«
in *Deutsches Volkstum* (1928), S. 85f.

Volkskonservative Richtlinien
zu deutscher Erneuerung

Ein Exemplar dieses Textes hat Karl Edrich, ein ehemaliger Volkskonservativer aus dem Umfeld Jungs, 1979 Armin Mohler überlassen, der es dann an den Verfasser weitergab. Ein weiteres Stück konnte bisher nicht aufgefunden oder nachgewiesen werden.

Es handelt sich lediglich um wenige Blätter, gedruckt im Oktav-Format, ohne Umschlag. Der Duktus wie der Inhalt sprechen für die Verfasserschaft Jungs. (K.W.)

Vorspruch

Das deutsche Volk wandert am Abgrund. Es hat mit der Wehrhaftigkeit seine Freiheit verloren. Es hat – was schwerer wiegt – die Würde seines eigenen Wesens, den Willen zur Selbstgestaltung aus dem tiefsten Kern seines Volkstums und Lebenssinns heraus, den Glauben an seine geschichtliche Sendung preisgegeben.

Geprägt durch das Erleben des Weltkrieges, aufgerüttelt durch die Not des Zusammenbruches, entschlossen, den Opfergeist der gefallenen Brüder durch Überwindung einer morsch gewordenen Welt für die Auferstehung Deutschlands im eigenen Geist fruchtbar zu machen, strebend nach Verwirklichung der echten deutschen Werte in ihrer natür-

lichen, von fremden Lehren unbeeinflußten Ordnung, bekennen wir uns auf der Schwelle einer neuen Zeit zu folgenden Grundsätzen:

I.
Einzelner und Ganzheit

Als Persönlichkeit ist der Mensch ein Ganzes, einmalig und
zeitlich begrenzt. Gleichzeitig ist er Teil einer Lebensganzheit, ewig und grenzenlos. Im religiösen Erlebnis überwindet der Mensch seine Vergänglichkeit.

Einzelner und Volksgemeinschaft

Er wird aber auch in irdische Gemeinschaften hineingebo-
ren, deren engste die Familie, deren weiteste das Volk ist. In
seinen Kindern und in seinem Volke vermag er schon auf
dieser Welt weiterzuleben. Denn Volk ist die Einheit von
Blut, Seele, Geist, die dem Einzelmenschen das Gesetz seiner Entwicklung auferlegt. Religiöse Kräfte und Hingabe
zum Volke strömen somit aus gleicher Quelle: dem Drange
nach Unvergänglichkeit.

Unterordnung und Opfergedanke

Aus ihm erwächst die Forderung nach Erhaltung und Entfaltung des Volkstums, an dem gemessen das Einzelleben
wenig bedeutet. Das menschliche Selbstopfer für die Erhal-

tung höheren Lebens wird zum höchsten Inhalt jeder Sittlichkeit und ist der tiefste Sinn unserer christlichen Weltanschauung.

Sendung

Die Besonderheit des deutschen Volkes ist die schöpferische Gestaltungskraft seiner Seele. Sie in ihrer reinsten und vollkommensten Form zu verkörpern und geltend zu machen, ist die ihm vom Schicksal bestimmte geschichtliche Sendung.

Gleichheit oder Gerechtigkeit?

Die heute herrschende Gleichheitslehre hat eine religiöse Wertungsweise ins Irdische verkehrt. Sie widerspricht der Wirklichkeit des Lebens. Denn dieses zeigt die Menschen verschieden nach Anlage und Leistung, die Wert erst gewinnen durch ihre Bedeutung für die Gemeinschaft. Aus dem sozialen Werte, nicht aus einem willkürlich gesetzten Menschenwerte fließt das Maß politischer Rechte. Nur so wächst gerechte soziale Gliederung, jede Klassenbildung verhindernd.

Freiheit und Persönlichkeit

Freiheit, die zur ewigen Empörung des Einzelnen gegen natürliche Bindungen führt, zerstört die Gemeinschaft. Wahre Freiheit beginnt mit der Einordnung aus freiem Willen. Nur im Dienste an der Gemeinschaft erringt die Persönlichkeit ihre Vollendung, nur hier hat sie ein Recht auf Entfaltung. Der heutige Massengeist vernichtet den schöpferischen Wert der Persönlichkeit zum Schaden des Ganzen.

II.

Selbstverwaltung u. Staat

Es gibt keine politische Freiheit ohne den Mut zur Selbstverantwortung. Ein gesundes Volk bekundet ihn in eigenlebendiger körperschaftlicher Selbstverwaltung. Die meisten Gemeinschaftsaufgaben können durch Selbständigkeit des natürlich gegliederten Volkes wahrgenommen werden. Der Staat ist die schützende Hülle um das gesamte Eigenleben des Volkes, ist ausgleichender Richter und gemeinschaftsbildende Macht über der Vielgestaltigkeit des Volkslebens.

Der moderne Polizeistaat

Der heutige Staat ist durch fremde Einflüsse im Wesen verfälscht. Er entspricht weder dem deutschen Reichsgedanken noch dem deutschen Drange nach gegliederter Selbstverwaltung. Er ist ein allzuständiger, allgewaltiger Polizeistaat. Sein Ansehen ist abgenützt durch die Vielzahl angemaßter Aufgaben. Überlastung nach innen hindert seine Entfaltung im Außenpolitischen.

Der wahre Freiheitsstaat

Diesem Staatsabsolutismus tritt entgegen der neue Gedanke des wahren Freiheitsstaates. Er stützt sich auf freiwillig anerkannte Autorität. Seine Entlastung von Aufgaben der Selbstverwaltung, seine Heraushebung aus dem Interessenstreit begründen erst seine Kraft und sein Ansehen.

Der Staat als Spitze gegliederten Aufbaues

Auf natürlich gewachsener, sich weiter entwickelnder Grundlage der selbsttätig handelnden Gemeinschaftskräfte erhebt sich dieser Staat als höchste Stufe der Gemeinschaftsordnung. Aus eigenem gottverliehenem Rechte, im Namen der Volksganzheit, besorgt er seine eigenen Aufgaben (Außenpolitik und Verwaltung), übt er die Oberleitung aus über das Gesamtleben des Volkes.

III.
Fehler der heutigen Staatsgrundlagen

Träger des politischen Lebens sind heute die Parteien. Zur Wahrung ihres Bestandes bedürfen sie der Massengunst. Sie sind deshalb außerstande, das Volksganze zu betreuen. Der Staatswille wird unter ihrer Herrschaft zum ausgehandelten Ergebnis des Widerstreites von Interessengruppen.

Organische Staatswillensbildung

Die heutige Massendemokratie verfälscht Mehrheitswillen in Volksbestimmtheit. Gesetz soll aber werden, was dem Volksganzen frommt, nicht was eine Mehrheit als ihren Vorteil errechnet. Die echte Staatswillensbildung entsteht aus dem verantwortungsvollen Entschlusse des schöpferischen Staatsmannes, der in sich das Lebensgesetz seines Volkes trägt. Den Staatswillen kann nur der Führer verkörpern, dem die Verantwortung nicht durch Abwälzung auf ein namenloses Parlament abgenommen wird.

Organischer Aufbau

Wahlen verlieren ihren organischen Sinn, wenn die lebendige Fühlung zwischen Wählern und Gewählten fehlt. Die Auslese soll erfolgen nach Lebensbewährung, nicht nach Parteibewährung. Die Wahlkörper müssen mehr sein als privat organisierte Wählerhaufen. Zur Gewinnung einer verantwortungsfreudigen, volkbejahenden Führung müssen genossenschaftliche (Wahl von unten) und herrschaftliche Formen (Bestätigung von oben) zusammenwirken. Nur so ist die Einheit von Teilen und Ganzem gesichert.

Stufenförmig wächst aus kleinen Zellen in lebendiger Aufwärtsgliederung der Staat. Zwischen »Obrigkeit« und Volk steht nicht mehr die »Vertretung«. Volk und Führung werden Eins. Die unersättlichen Forderungen des Einzelnen an den Staat hören auf. Der Staat wird zum Fordernden und erzieht das Volk zur Leistung. Aus deutschem Geist geformter Staat formt rückwirkend wieder das deutsche Volk.

IV.
Bevölkerungspolitik

Die Familie ist die Trägerin des körperlichen und geistigen Erbgutes eines Volkes. Ihr und nicht dem Einzelmenschen gilt daher in erster Linie der Rechtsschutz der Zukunft.

Die Erhaltung und Stärkung des Volkskörpers verlangt Pflege hochwertiger, Zurückdrängung minderwertiger Erbanlagen, Überwachung und Lenkung der Ein-, Aus- und Binnenwanderung, nachhaltige Siedlungs- und Entstädterungspolitik.

Sozialpolitik

Sozialpolitik soll nicht nur Schäden heilen, sondern vor allem deren Entstehung vorbeugend verhindern. Auf keinen Fall darf sie die menschliche Selbstverantwortung schwächen, Staatsrentnertum züchten und eine allgemeine Proletarisierung hervorrufen. Sie soll im Gegenteil die Zahl der selbständigen, auf eigener Verantwortung stehenden Existenzen vermehren. Dem wirtschaftlich Schwachen nützt kein Versorgungsstaat, nur Selbsthilfe durch körperschaftliche Gruppen. Ein solcher Zusammenschluß in wirtschaftliche Gruppen vermag auch dem Arbeitnehmer das Gefühl der Verbundenheit mit Volk und Wirtschaft lebendiger als bisher zu gestalten.

Privateigentum und Wirtschaft

Wie der Einzelne in der Gemeinschaft wurzelt, so ist
Eigentum nicht nur private Eigenmacht, sondern auch soziale Pflicht. Der Nichtbesitzende wird Eigentum nicht
mehr als Anmaßung empfinden, wenn der Besitzende es
als Lehen betrachtet und verwaltet. Offene oder versteck-
te Sozialisierung schafft niemals gerechte Besitzverhält-
nisse; sie vernichtet die Wirtschaftssubstanz durch Über-
verantwortung an ein pflichtloses Schmarotzertum. Die
Bedrückung des bäuerlichen Besitzes führt zur Landflucht, die des gewerblichen zur Arbeitslosigkeit. Der
Werte schaffenden Volkswirtschaft gilt der Schutz des
Staates. Er muß deshalb die Bildung von Wirtschaftskapi-
tal bei Gewerbe und Landwirtschaft fördern, den Einfluß
gewinnsüchtigen internationalen Kapitals eindämmen.

Grundlage allen Wirtschaftens ist die schöpferische
Persönlichkeit, grundsätzliche Form der Wirtschaft des-
halb die Privatwirtschaft. Die Ernährung des deutschen
Volkes beruht auf seinem Boden und seinem Bauernstan-
de. Nicht Nahrungsborg, vielmehr ein Höchstmaß der
Selbstversorgung erstrebt eine richtige Wirtschaftspolitik.

Kultur und Erziehung

Gewerbsmäßiger Kulturbetrieb erstickt heute die echte Ge-
sittung. Der zivilisatorischen Zersetzung kann nicht allein
durch Verhinderungsmaßnahmen begegnet werden. Entfes-
selung und Förderung kulturschöpferischer Kräfte tut not.

Die staatliche Überschulung erzeugt ein fachtüchtiges Bildungsproletariat, ohne seelische Verwurzelung und ohne wirtschaftliche Lebensmöglichkeit. Wir brauchen aber sittliche Erziehung zur Lebenstüchtigkeit; sie gibt es nur auf religiöser Grundlage.

Außenpolitik

Das volksdeutsche Ziel der Außenpolitik ist Erhaltung der Ehre, Würde und Selbstbestimmung des Gesamtvolkes. Es kann nur erreicht werden, wenn das deutsche Volk wehrhaft ist. Seine gegenwärtige Wehrlosigkeit reizt Wehrkräftige zum Angriff. Sie bildet eine ständige Gefahr für den europäischen Frieden.

Geschichtliche Vergangenheit und geographische Mittellage des deutschen Volkes bedingen seine Verantwortung für das Schicksal Europas. Echtes Weltbürgertum, wie es den Deutschen immer ausgezeichnet hat, verlangt Eindringen in die Tiefe des eigenen Volkstums, um durch das eigene Volk am Bau der Geschichte mitgestalten zu können. Wir fühlen deshalb die Pflicht, das friedlose Europa durch den Gedanken einer gerechten Neuordnung aus seinem Wirrsal zu erlösen.

Nachspruch

Das deutsche Volk ist heute in Interessengruppen zerklüftet. Viele stehen abseits des öffentlichen Lebens. Jugendfrische

Kräfte werden durch die Starrheit der politischen Organisationen an ihrer Entfaltung verhindert. Tagesziele verdunkeln die weite Sicht.

Wir wollen Bewegung: geistige und politische. Wir wollen einen neuen und weiten Sinn der Politik verlebendigen. Darum geht unser Ruf an alle zukunftsfreudigen und volksbejahenden deutschen Menschen, die bereit sind, überlebte Schranken niederzureißen. Andere Völker ringen längst um neue Formen. Wo bleibt das Volk, dessen Geist einst die Geschichte des Abendlandes gestaltet hat?

Die vorstehenden Richtlinien sind weder erschöpfend noch endgültig. Sie sind ein Anfang. Sie gehen aus von den ewigen Werten; sie streben zu einer neuen Ordnung.

Wir versprechen keine persönlichen Vorteile; wir fordern Hingabe.

Wir wollen nichts sein als Vorkämpfer, bereit, in eine große Erneuerungsfront einzuschwenken, für die große und schwierige Aufgabe, das deutsche Volk zu erlösen und zur Erfüllung seiner besonderen Sendung hinzulenken.

Wir lehnen ab den Geist der Gleichgültigkeit, Verneinung und Zwietracht. Wir kämpfen nicht gegen Einzelgruppen und Parteien, aber gegen den Ungeist der Zeit. Wer ihn überwinden will, ist Bundesgenosse.

Edgar J. Jung

Denkschrift an Papen vom April 1934

Es handelt sich im folgenden um die Wiedergabe eines Textes, der sich im Besitz von Franz Mariaux – eines engen Freundes von Jung und Mitverschwörers – erhalten haben soll und nach dem Ende des Zweiten Weltkriegs durch Edmund Forschbach als Durchschrift in das Institut für Zeitgeschichte (München) kam [Signatur: 2375/59]. Es wurde lediglich die Schreibweise »ss« statt »ß« geändert und die kleine Zahl von Flüchtigkeitsfehlern korrigiert, sprachliche Eigenarten sind beibehalten; in einigen Fällen sollen Anmerkungen zum besseren Verständnis für den heutigen Leser helfen.

Wie man dem Inhalt des Textes unschwer anmerkt, handelt es sich um eine Vorform der »Marburger Rede« vom 17. Juni 1934. (K.W.)

A.

Die Politik eines Landes ist zu keiner Zeit eine willkürliche. Sie ist geboten von den Zeitnotwendigkeiten. Kein Land kann sich außerhalb der politischen Entwicklung stellen, die im Zuge der Zeit liegt. Für den Staatsmann sind folgende Grundhaltungen möglich: Er kann die Notwendigkeiten der Zeit verkennen und an diesem Mangel scheitern; er kann sich dem Zuge der Zeit entgegenstemmen und wird deshalb unterliegen; er kann sich aber auch zum Vorkämpfer dessen machen, was notwendig getan werden muß und so zum Führer nicht nur seines Volkes, sondern auch seiner geschichtlichen Epoche werden.

Es ist deshalb notwendig, vor allem den geschichtlichen Hintergrund zu kennen, vor welchem das deutsche Volk des 20. Jahrhunderts gestellt ist.

1.

Das Jahrhundert der Herrschaft der weißen Rasse, gegründet auf die Verfügung über die europäischen industriellen Produktionsstätten, ist vorüber. Die überseeischen Länder haben sich emanzipiert und industrialisiert, nicht ohne Schuld der europäischen Politik und Naturwissenschaften. Europa wird zwar nach dem Gesetz der Arbeitsteilung eine Reihe von Erzeugungen monopolisieren können, wenn es seine geschickte Politik gegenüber den überseeischen Völkern treibt. Aber es wird nicht mehr der Lieferant der Welt bleiben, wie im 19. Jahrhundert, weshalb seine Bevölkerung dazu verurteilt ist, ihren Lebensstandard zu senken. Daraus ergeben sich ununterbrochen soziale Spannungen, die endgültig nur beseitigt werden können durch die Herrschaft seelischer Werte anstelle materieller.

2.

Diese seelischen Werte (Bindungen religiöser, naturhafter und blutmäßiger Art) sind in ganz Europa durch die

Verstädterung, Materialisierung und Entlebendigung der
christlichen Lehre bedroht. Von der Wiederbelebung der
seelischen Urkräfte hängt es ab, ob anstelle von kollekti-
vistischen Zwangsfesseln wieder echte, freiwillige, innere
Bindungen treten. (Organismen anstelle von Organisationen, echte Lebensstände anstelle von Interessengruppen.)
Die mechanistische Demokratie ist deshalb durch eine auf
Persönlichkeit gegründete organische Volksordnung hierarchischer Stufen zu ersetzen.

3.

Das Prinzip des sozialen Organismus ist durch die französische Revolution, die als ununterbrochene Emanzipation des sozial nächstniederen Standes betrachtet werden muß, ins Wanken geraten. Mit der Sprengung der
innervölkischen Bindungen wurden aber auch die übervölkischen europäischen Zusammenhänge zerstört. Das
Selbstbestimmungsrecht der Völker, der Anspruch jedes Volkes, auch des kleinsten und kulturärmsten, ohne
Rücksicht auf Volkszahl und Rang einen vollsouveränen
Staat zu begründen, atomisiert Europa und bringt es in
hoffnungslose Auflösung. Die Zwerg- und Vielstaaterei
muß Europa ins Unglück stürzen. Der Weltkrieg hat diese Entwicklung beschleunigt, weshalb schon heute in den
Ländern Ostmitteleuropas die Erkenntnis von der Unhaltbarkeit des neuen Staatensystems greift.

4.

Der Weltkrieg selber hat den biologischen Aufbau Europas entscheidend beeinflußt. Hat schon die Industrialisierung und die Landflucht des 19. Jahrhunderts eine bedenkliche Rassenverschlechterung bewirkt, so hat die Gegenauslese des Weltkrieges ein Übriges getan. Die hochwertigen Rassenbestandteile der hochkultivierten Völker sind für absehbare Zeit nicht zu ersetzen. Die Völker müssen deshalb nicht nur zur Rassenpflege[1] übergehen, sondern auch besorgt sein, keinen Vernichtungskrieg gegeneinander zu führen, weil sonst die Kultur der weißen Rasse endgültig zugrunde ginge.

B.

Die Rettung Europas verlangt deshalb folgende grundsätzliche Politik, die für sämtliche europäischen Völker ihre verhältnismäßige Gültigkeit besitzt. Sie berührt am stärksten das deutsche Volk, weil es im Herzen des Erdteils gelegen ist und von allen geschichtlichen Ereignissen entscheidend in Mitleidenschaft gezogen wird.

1. Teilweise Umstellung der europäischen Wirtschaft vom Weltmarkt auf den europäischen Markt. Der Teil des Exportes, der durch internationale Arbeitsteilung ein natürliches Vorrecht der europäischen Völker, gegründet auf besondere Produktionsbedingungen, ist, muß erhalten bleiben, weil nur so überseeische Rohstoffe hereingebracht werden können. Mit der Forderung einer europäischen

Marktwirtschaft ist die nach nationaler Autarkie nicht zu
vereinbaren. Die Wirtschaft eines Volkes kann zwar nicht
stark genug sein, aber eine Nationalwirtschaft, die sich auf
das reichsdeutsche Staatsgebiet beschränkt, (der geschlossene Handelsstaat) ist im 20. Jahrhundert eine Utopie, weil
sie die völlige Rückgängigmachung der internationalen Arbeitsteilung voraussetzt.

Wirtschaftsräume sind natürliche Einheiten, Staatsge-
biete sehr oft künstliche Gebilde. Es muß deshalb die Frage
erhoben werden, ob die Staatsgrenzen dem Bedürfnis mo-
derner wirtschaftlicher Großräume entsprechen. Die muß
verneint werden, weil der Raum keine absolute Größe ist,
sondern eine relative, die von den Verkehrsschwierigkeiten
abhängt. Im Zeitalter des modernen Verkehrs sind die Wirtschaftsräume zu klein geworden. Die zur Zeit in Übung be-
findliche Autarkisierung der Nationalwirtschaften kann
deshalb nur als Übergang zur Schaffung wirtschaftlicher
Großräume angesehen werden. Europa befindet sich in
ähnlicher Lage wie das deutsche Reich vor Gründung des
Zollvereins. Das 20. Jahrhundert wird unwiderstehlich
den wirtschaftlichen Großraum verlangen, weil der soziale
Druck nur dadurch verhältnismäßige Linderung erfahren
kann.

2. Die Zerreißung aller natürlichen Bindungen bei den
europäischen Völkern verlangt die Stiftung einer neuen sozialen Ordnung, also eines politischen Prinzips, das an die
Stelle der westlichen Demokratie tritt. Der Faschismus be-
hauptet, ein solches, gültiges, neues Prinzip zu sein. Daß
eine gewisse Grundhaltung des Faschismus in antilibera-
ler Richtung vorhanden ist, kann nicht geleugnet werden.

Schöpferisch jedoch hat er die Demokratie nicht überwunden. Er hat keine allgemeingültigen Formen gefunden, und ist deshalb kein staatsrechtliches System, sondern eine politische und psychologische Methode der Regierung. Dieser Umstand erschwert seine Übernahme. Der Faschismus kann nur von Völkern kopiert werden, die unter einer ähnlichen sozialen Struktur, einer, mit der italienischen vergleichbaren Seelenverfassung leben, und zu dem einen großen Volkstribunen hervorbringen. Fehlt eine dieser Voraussetzungen, so bleibt es bei der negativen Bekämpfung der morschen Demokratie, ohne daß ein allgemeingültiges, neues Staatsideal entstünde. Zwar ist die Beseitigung des Parteisystems für alle europäischen Staaten eine Notwendigkeit; aber sein Ersatz durch die diktatorische Herrschaft einer Partei ist nicht mehr als eine Übergangsmaßnahme, die in der geschichtlichen Konsequenz des Liberalismus liegt. Die Logik der antiliberalen Entwicklung verlangt das Prinzip einer organischen, politischen Willensbildung, die auf Freiwilligkeit und auf Verschmelzung aller Volksteile, ohne Rücksicht auf Parteiorganisationen und gesinnungsmäßige Zusammenschlüsse, beruht. Nur organische Bindungen überwinden die Partei und stellen die wahrhafte freiheitliche Volksgemeinschaft her, die am Ende dieser Revolution stehen muß. Das Prinzip der organischen Willensbildung verlangt die völlige Entmassung des Volkes und die Verlegung des Volkswillens in kleinste Zellen, die sich zum Staate emporgliedern. Es müssen Männer gewählt werden, keine Parolen und Parteien. Die Auslese hat durch das Leben zu geschehen, nicht durch Organisation und Agitation. Die direkte Wahl darf nur in

kleiner Zelle stattfinden, wo jeder jeden kennt. Die Empor-
gliederung geschieht durch indirekte Wahl im Zusammenwirken mit dem Führerprinzip, das nicht verwechselt werden darf mit dem Prinzip des reinen Kommandos.

3. Der nationaldemokratische Staatsgedanke, den der
Liberalismus begründet und die französische Revolution
zum herrschenden Prinzip erhoben hat, zerstörte die europäische Gemeinsamkeit; der »sacro egoismo« der Völker
ist kein europäisches Aufbauprinzip. Es ist deshalb an der
Zeit, einen europäischen Ordnungsgedanken festzulegen,
der die Furcht um den Bestand des eigenen Volkes beseitigt
und deshalb Vernichtungskämpfe unmöglich macht. Dieser neue Rechtsgedanke ist die Heiligkeit der Volkstümer,
die Eigenständigkeit der Völker und die verhältnismäßige
Emanzipation des völkischen Lebens von dem der Staaten. Die Identität von Volk und Staat verhindert die Entstehung übervölkischer Staatengebilde und führt dazu, daß
ein Kampf der Staaten immer zum Vernichtungskriege der
Völker entartet. Demgegenüber steht fest, daß alle großen
Imperien der Zeitgeschichte vom Gedanken der Befriedi-
gung der Völker getragen waren, daß jedes echte Imperium
deshalb viel-völkisch ist. (Zuletzt das englische Imperium).
Andererseits ist das völkische Erwachen, welches durch
ganz Europa gegangen ist und endlich auch unser Volk erfaßt hat, die Voraussetzung jeder völkischen Politik. Denn
diese verlangt nicht die Verwischung des eigenen Volkstums (Kosmopolitismus), sondern eine Vertiefung. Eine
solche übervölkische Europapolitik (Reichsgedanke, nicht
Paneuropa) setzt die Entstehung eines neuen Staatsbegrif-
fes voraus. Die Wiederbelebung der Föderatividee, die Er-

kenntnis von der Abstufung der Souveränität. (Von der Zollunion bis zur Provinz gibt es viele Stufen politischer Abhängigkeit). Endlich ist notwendig die grundsätzliche Absage an den Staatszentralismus und an die Staatsallmacht. Denn nur die Völker begeben sich unter fremdvölkischen Einfluß, deren Eigenleben gesichert ist. Diese Eigenständigkeit ist aber bedroht, wo der Staat keine autonomen Lebensbezirke gelten läßt. Dass in einem Großreiche der Zukunft partikulare Tendenzen sich durchsetzen, ist nicht zu befürchten. Technik und Wirtschaft ersticken in einem Großraumstaat jeden Versuch einer Absplitterung, abgesehen davon, daß Völker, die sie ungehindert geistig ausleben können, keinen partikularen Neigungen zugänglich sind. Im Zeitalter des Verkehrs und der Großwirtschaft können auch kleine Völker sich nicht aus einem Großwirtschaftsraum herauslösen, um eine selbständige Existenz zu führen. Die veränderte Kriegstechnik macht die Lage rebellierender Kleinvölker hoffnungslos. Schwere Kriegswaffen, Außenpolitik, Geld- und Verkehrswesen werden deshalb immer zentralisiert bleiben.

4. Die Vorgänge in Ostasien und das Vordringen der gelben Rasse in allen Überseegebieten mahnen uns, dass Europa sich einen innereuropäischen Vernichtungskrieg nicht mehr leisten kann. Motorisierte Streitkräfte, Flugwaffen, Gaskrieg und Fernartillerie verlangen strategische Räume, die in Europa nicht mehr vorhanden sind. Das 20. Jahrhundert wird deshalb europäische Konföderationen bringen, die nicht mechanistisch gedacht werden dürfen, niemals von der Peripherie ausgehen, sondern sich organisch um Kernstaaten und Kernräume bilden.

C.

Aus dieser geschichtlichen Lage ergibt sich eine einmalige
große Möglichkeit des deutschen Volkes, wieder Weltpolitik
zu machen, vorausgesetzt, daß das deutsche Volk wieder in
den geschichtlichen Raum, aus welchem es durch den Vertrag von Versailles ausgeschaltet werden sollte, hineinsto-
ßen will. Die Verkündigung des Selbstbestimmungsrechtes
der Völker und die Forderung, diesen Satz auf das deutsche
Volk anzuwenden, kann nur als ein taktisches, niemals als
strategisches Ziel betrachtet werden. Der Gedanke, daß alle
Völker autarke Nationalstaaten bilden, würde das Ende aller
geschichtlichen Entwicklung bedeuten, würde die Außenpolitik als solche überflüssig machen und den Begriff der
Innenpolitik zum herrschenden werden lassen.

Die geographische Siedlungslage des Deutschen Volkes,
seine Verzahnung mit anderen Völkern lassen eine reine na-
tionalstaatliche Lösung als unerreichbar erscheinen. Aber
selbst die Erreichung eines solchen rein nationalen Zieles
würde der geschichtlichen Aufgabe des Deutschen Volkes
nicht gerecht, weil Europa von Deutschland eine neue Ordnung, Gliederung und Gerechtigkeit erwartet. Auf dem
Wege des Nationalstaates ist dies unerreichbar. Die nationalen Ziele können für das deutsche Volk nur gleichlau-
fend mit den europäischen Zielen verfolgt werden. Deutschland ist das Schickal Europas, die europäische Aufgabe das
Schicksal Deutschlands. So verständlich deshalb der augen-
blickliche Rückzug des deutschen Volkes für seine innerre-
volutionäre Aufgabe ist, so muß doch erkannt werden, daß
alles revolutionäre Geschehen in Deutschland seine außen-

politische Seite hat und daß eigentlich nichts geschehen
dürfte, ohne daß die europäische Wirkung jeden Vorgangs
in Betracht gezogen wird. (Stellung der Kirche, Rückwir-
kung des Nationalismus auf die Auslandsdeutschen etc.)
Daraus lassen sich folgende Richtlinien für die revolutionäre Entwicklung in Deutschland herleiten:

1. Die Zusammenfassung und Stärkung der deutschen
Nationalwirtschaft darf nur die Einleitung sein zu einer
selbstbewußten europäischen Großraum-Wirtschaftspo-
litik. Auf sozialem Gebiete muß an der Umstellung des
deutschen Volkes in der Richtung auf das Vorwiegen seelischer Werte vor materiellen gearbeitet werden. Die Sozialpolitik ist daher jeder materialistischen Note zu entkleiden.
(Es ist beispielsweise gefährlich, die arbeitenden Schichten
hinsichtlich ihrer Bedürfnisse »verbürgerlichen« zu wollen.
Was jeder Lebensstand und Arbeitsstand braucht, ist ein be-
stimmter Lebensstil, der mit Stolz und seelischer Befriedi-
gung eingehalten wird.)

2. Das deutsche Volk muß bei seiner inneren Gestaltung
das faschistische System aus folgenden Gründen überwinden:

a) Eine zu enge Anlehnung an den italienischen Faschismus verleiht Rom ein ähnliches geistiges Übergewicht, wie
seinerzeit die Begründung des demokratischen Systems
durch Frankreich. Es droht ein neuer Ultramontanismus fa-
schistischer Art.

b) Das rein-faschistische System läßt sich auf die Dauer
bei einem gebildeten, lesenden und denkenden Volke ohne
große Unzufriedenheit nicht halten.

c) Es fehlt an öffentlichen Kontrollen, die bei dem großen Apparate, den ein 60 Millionenstaat braucht, notwendig sind, um keine Korruption aufkommen zu lassen (Freiheit der Presse).

d) Die politische Gesinnung verbürgt keine politische Auslese, ohne die ein Volk seine positiven Energien nicht zu entwickeln vermag.

Statt dessen soll das deutsche Volk das Beispiel einer Volksordnung geben, die als System andere Völker, welche des parlamentarischen Systems müde sind, zur Nachahmung reizt. Verwirklichen wir die organische Demokratie und die organische Auslese, so werden wir Rückschläge im liberalen Sinn vermeiden. Der Gegensatz zu den sterbenden Gedanken der Volkssouveränität ist der der Krone. Er hat eine gewaltige innen- und außenpolitische Wirkung, weshalb er im Anhang gesondert behandelt wird.

3. Deutschland muß sowohl politisch als auch psychologisch Großraum- und Föderationspolitik treiben. Psychologisch ist diese Politik abhängig von Deutschlands innerer Dynamik. Das Ausland beurteilt die Politik des deutschen Reiches nicht nur nach den Reden seiner Führer, sondern unter Beobachtung der inneren Dynamik, die das Volk bewegt. Das Ausland fragt nicht nur danach, was die außenpolitische Leitung des deutschen Volkes erklärt, sondern untersucht, wohin es die Dinge treiben sieht. Dafür ist die innenpolitische Entwicklung des deutschen Volkes ein wichtiger Barometer [sic]. Deshalb kommt es darauf an, daß die Deutschen, bei aller Betonung des nationalen Willens, eine europäische Sprache sprechen und die Identität von deutschem und europäischem Wollen herzustellen versuchen.

So ist es beispielsweise wenig erfolgversprechend, dem
Ausland ohne Unterlaß das Wesen des Nationalsozialismus erklären zu wollen. Da andere Völker unter andern
sozialen, politischen und geistigen Gesetzen stehen, so
wittern sie darin den Versuch der Vergewaltigung und
sperren sich deshalb ab. Wir müssen anderen Völkern die
gesamteuropäische Revolution, also den Zeitgeist näher-
bringen, dessen deutscher Ausdruck der Nationalsozialismus ist. Für den Ausländer ist der Nationalsozialismus
ein deutsches politisches Phänomen und keine Weltanschauung. Dieses Phänomen muß für den Ausländer erst
in die übliche staatsphilosophische Sprache übersetzt werden. Das Betreiben, auf die Sprache, weil angeblich über-
lebt, zu verzichten, führt zur geistigen Isolation Deutschlands.

Das Ausland fühlt sich vom Faschismus, vom totalen
Staate und von der Einparteiherrschaft ohne Kontrolle bedroht. Bei den östlichen Völkern sind die Freiheitsrechte
jünger und deshalb kostbarer als bei uns. In der Schweiz un-
terscheidet man zwischen den Menschheitsrechten der französischen Revolution und den urgermanischen Freiheits-
rechten. Jede Germanisierung der Begriffe, jede Intoleranz
ist deshalb für die europäische Politik des deutschen Volkes
gefährlich. Wer gegen die Humanität kämpft, darf nie vergessen, daß es neben der menschenrechtlichen Humanität
von 1789 auch die naturrechtliche des Christentums gibt,
auf welcher die europäische Kultur beruht.

Das Ausland erkennt auch den soziologischen Charakter der deutschen Revolution. Da seine Struktur zum Teil
anders ist (das französische Bürgertum ist kräftiger als das

deutsche), fürchtet es sich vor dem Massengeiste der deutschen Revolution. Das alles sind Umstände, die berücksichtigt werden müssen und beweisen, daß jede einzelne innere
Maßnahme in Deutschland die Anziehungskräfte des deutschen Volkes auf die umliegenden Völker entweder herab-
setzt oder hebt.

4. Diese Gesichtspunkte erklären die gegenwärtige
außenpolitische Isolation Deutschlands. Zwar ist es selbstverständlich, daß die Nutznießer des Versailler Vertrages
gegen jede innere Stärkung des deutschen Volkes sich feindlich einstellen und vollendete Tatsachen schaffen wollen, bevor die Früchte der deutschen Revolution reifen. (Dies gilt
insbesondere für Mussolini, der bei allen Revisionsbestre-
bungen ein Interesse daran hat, stärker als Deutschland zu
sein, um seine unverhältnismäßig große Macht gewissermaßen noch vor Toresschluß auszunutzen). Aber neben diesen
natürlichen Schwierigkeiten sind der deutschen Außenpolitik auch noch andere erwachsen, die unnötig sind. An und
für sich hätte die deutsche Revolution eine Erleichterung
der politischen Lage mit sich bringen können, und zwar dadurch, daß sie unmittelbar auf die umliegenden Völker im
Sinne einer neuen europäischen Ordnung gewirkt hätte.
(Französische Revolution, welche demokratische Instink-
te stärkte, und russische Revolution, welche an die prole-
tarischen appellierte). Die Rückwirkungen der deutschen
Revolution auf die umliegenden Völker sind jedoch wenig
erfreulicher Art gewesen. Das kommt daher, daß alle faschistischen Sympathien in Europa Mussolini zugute kommen, der gewissermaßen im Faschismus die Vorhand hat.
Entscheidend aber bleibt, daß der faschistische Nationalis-

mus auf Europa gar nicht erlösend wirken kann, weil er den Druck nationalistischer Gegensätze nicht lindert. Er gehört also gewissermaßen dem liberalen Zeitalter an und erfüllt nicht die Notwendigkeiten des 20. Jahrhunderts, die in die Richtung des Übervölkischen gehen. Das Schicksal der Südtiroler hat gezeigt, daß vom Faschismus keine europäischen Lösungen zu erwarten sind. Die schweren Rückschläge bei den Auslandsdeutschen erfüllen ebenfalls mit Mißtrauen hinsichtlich der politischen Wirkungen des Nationalismus. Denkt man sich das faschistische Prinzip zu Ende geführt, so stehen sich völlig nationalisierte Völker genau so problematisch gegenüber wie in den bürgerlichen Nationalstaaten, nur mit dem Unterschiede, daß die nationalistischen Leidenschaften noch tiefer reichen. Die Hoffnung auf eine übervölkische Gestaltung Europas schwände dahin.

Die Isolation des deutschen Volkes wird durch die Unmöglichkeit erhöht, die nationalsozialistische Ideologie in ihrer Unbedingtheit anderen Völkern begreiflich zu machen. Deshalb beobachtet das Ausland nur das äußere Erscheinungsbild und fühlt sich durch marschierende und uniformierte Menschen, durch gesteigerten Nationalismus und ungehemmten Machtwillen bedrohter als durch eine behutsame Aufrüstung. Es zieht daraus den Schluß, Deutschland wolle den Versuch des Jahres 1914 wiederholen und müsse deshalb eingekreist werden.

Entscheidend für die außenpolitische Lage ist deshalb, daß Deutschland eine außenpolitische Ideologie bildet, die eine europäische Gerechtigkeit begründet und den bisherigen Zustand nationalistischer Zerklüftung überwindet. In den Vordergrund ist deshalb die Bejahung übervölkischer

Kulturgüter geistiger Art zu stellen. Es geht nicht an, gemeinsame geistige Werte europäischer Wertprägung zu verneinen, weil sonst die Gefahr einer deutschen Übermacht und Vorherrschaft als unerträglich erscheint.

Die Vorbedingung einer solchen europäischen Sprache ist die Pflege eines eigenständigen Geisteslebens, das sich ohne Rücksicht auf Parteidoktrinen und Ideologien frei entfaltet und in den Dienst der deutschen Politik gestellt wird. Die nationalsozialistische Ideologie ist wegen ihrer rassischen und völkischen Ausschließlichkeit dieser Aufgabe nicht gewachsen und muß deshalb ergänzt werden durch die Ideologie des christlichen und revolutionären Konservativismus, der in ganz Europa aus geistesgeschichtlichen Gründen den entsprechenden Boden besitzt. Die entscheidende Voraussetzung zur Durchbrechung des feindlichen Rings, der uns umgibt, ist die Aufgabe der freiwilligen geistigen Isolation, in die wir uns durch eine intolerante Ideologie selbst hineinmanövriert haben. Die Frage der Krone kann reaktionär oder revolutionär behandelt werden. Reaktionär wäre die Anerkennung sämtlicher legitimistischer Ansprüche, die praktische und geistige Anknüpfung an das zweite Kaiserreich, welches eine im Wesen liberale Staatsgründung war, auch wenn es ein großer Konservativer (Bismarck) schuf. Die reine Restauration würde innenpolitisch als unsozial, außenpolitisch als großpreußischer Imperialismus empfunden werden. Innenpolitisch würde die geistige Revolutionierung, die notwendig ist, unterbrochen, außenpolitisch die europäische Neuordnung erschweren.

Die Krone ist das überzeitliche Symbol, welches sich

Völker als Zeichen ihrer Herrschaft über sich selbst hinaus setzen. Die Krone verleiht dem politischen Ansehen des Volkes Stabilität und macht es bündnisfähig, weil sie über die Einhaltung außenpolitischer Verträge besser zu wachen in der Lage ist, als wechselnde Regierungen. Am Ende der Demokratie (Volkssouveränität) steht mit revolutionärer Logik die Krone. (Herrschaft aus höhrer [sic] Verantwortung). Es kommt aber darauf an, wo die Ideologie der Krone geschichtlich anknüpft. Geht sie, wie die ganze deutsche Revolution von der gebundenen Ordnung des Mittelalters aus, so erfüllt sie den Zug der Zeit. Dann ist die Krone der natürliche Anwalt der Volksrechte gegen alle Klassen- und Standesansprüche. Die Klassenkämpfe kann endgültig nur eine Herrschaft beenden, die ihrem Wesen nach vom Volke unabhängig ist und deshalb nur ihrem Gewissen gehorcht. Die Krone darf deshalb aus keiner Partei hervorgehen, noch ihr verpflichtet sein. Das nationalsozialistische Regime würde durch die Krone nicht geschwächt, sondern gestärkt werden. (Vgl. mit der Präsidentschaft Hindenburg.)

In der Außenpolitik ist das Herrschaftsprinzip der Krone das einzige, welche den Völkern die Garantie gewährt, von der Nationaldemokratie nicht entvolkt und assimiliert zu werden. Wer im 20. Jahrhundert zuerst das Symbol einer mitteleuropäischen Krone errichtet, bricht die Kraft der französischen Revolution und schafft die Einrichtung, welche Europa für übervölkische Zusammenschlüsse braucht. Nur ihr ist noch eine echte Adelsbildung möglich, die innerhalb eines Parteiapparates schwer vorstellbar ist. Das Symbol der Krone weckt zudem alle Gefühle der Ehrfrucht, der Demut, der Überzeitlichkeit und der Tradition. Es gibt der Armee die natürliche Spitze und lehrt das Volk wieder wahrhaft dienen.

Dem Gedanken eines deutschen Kaiserreiches stehen legitimierte Ansprüche, personelle Schwierigkeiten und das Problem der Reichsreform entgegen. Die Reichsreform muß über die heutige Ländergestalt radikal hinwegschreiten, weil sonst ein rein zentralistischer Staat nach französischem Muster herauskäme. Für die Frage der Krone lassen sich deshalb folgende Rechtslinien herausarbeiten:

1. Die Neugründung des deutschen Kaiserreiches knüpft an das mittelalterliche Wahlkaisertum an.

2. Der Reichsverweser verwest vorläufig die Krone.

3. Der Reichsverweser stammt nicht aus der NSDAP.

4. Durch die Krone erfolgt die endgültige Reichsreform in annähernd gleichgroße Statthaltereien. Die Statthalter erhalten fürstliche Würde und können aus bewährten Stammeshäusern entnommen werden.

5. Das Wahlgremium des auf Lebenszeit zu wählenden Reichsverwesers oder Kaisers besteht aus den Statthaltern und anderen zu bestimmenden Würdenträgern.

6. Bei der Errichtung der Krone muß die Wirkung auf die Stephanskrone und die Habsburger Krone in Betracht gezogen werden, die Errichtung einer Habsburger Krone womöglich psychologisch unmöglich gemacht werden.

Anhang II

Volksgemeinschaft, Nationalsozialismus
u.[nd] Außenpolitik

Die Gefahr für die deutsche außenpolitische Entwicklung
ist zu suchen in der innerpolitischen Dynamik des Nationalsozialismus. Der Nationalsozialismus ging von der These aus, daß alle außenpolitischen Bemühungen nutzlos seien,
bevor nicht die Volksgemeinschaft hergestellt sei. Die Er-
zielung der Volksgemeinschaft betrachtet er als eine rein innenpolitische Aufgabe. Diese geschichtliche These ist angesichts der internationalen Tendenzen des Marxismus nicht
ohne Berechtigung gewesen. Sie ist aber geschichtlich un-
richtig. Denn der Begriff der Volksgemeinschaft ist überhaupt kein innenpolitischer, sondern ein rein außenpolitischer. Die wahre Volksgemeinschaft bezieht ihren inneren
Sinn nur aus jener Volksganzheit, die sich in der Berührung
mit anderen Völkern ergibt. Ein Volk erhält seine Besonderheit erst durch seine Verschiedenheit von anderen Völkern.
Die Volksgemeinschaft existiert deshalb unabhängig von
den inneren Zuständen eines Volkes im geschichtlichen Sinne solange, als es innerhalb eines Volkes Menschen gibt, denen die Selbstbehauptung gegenüber anderen Völkern letzter Inhalt aller Politik und aller persönlicher Hingabe ist.
Die Volksgemeinschaft hatte sich deshalb in den Jahren 1918
bis 1923 auf jene Kreise zurückgezogen, die, ohne Rücksicht
auf innenpolitische Zustände, es als ihre persönliche Pflicht
betrachteten, mit ihrem Leben für die deutschen Grenzen
einzustehen. In jener Zeit war der deutsche Nationalismus

vorwiegend außenpolitisch orientiert und entzündete seine
ganze Leidenschaft an den bedrohten Grenzen.

Im Laufe der Jahre erfolgte ein psychologischer Um-
schwung. Zum Nationalismus stieß die Jugend hinzu, welche das Erlebnis des Krieges und der Grenzkämpfe nicht
hatte. Für sie war der Nationalsozialismus eine vorwiegend
innenpolitische Bewegung und trug in der Hauptsache so-
zialrevolutionären Charakter. Die Änderung der sozialen
und politischen Verhältnisse in Deutschland wurde zum
fast alleinigen Ziel, die innere Leidenschaft bezog sich auf
Kämpfe innerhalb des Volkes. »Der Feind« war nicht mehr
ein fremdes Volk und ein fremder Staat, sondern der art-
fremde Volksgenosse. Selbstverständlich ist diese Einstellung allen revolutionären Bewegungen eigen. Sie bringt
aber eine gefährliche Umstellung der Volkspsyche von der
außenpolitischen in die innenpolitische Richtung mit sich.
Nach außen wird ununterbrochen Frieden verkündet, nach
innen Kampf und Sieg.

Die Gefahr dieser psychologischen Veränderung ist für
ein besiegtes Volk nicht von der Hand zu weisen. Wir wissen aus der Geschichte, daß die französische Revolution
1789 und 1871[2] sich sofort nach außen wendete, ebenfalls
die russische von 1917. Anders bei uns, wo der Gedanke der
Volksgemeinschaft nach außen ernsthaft bedroht ist, und
der einer innenpolitischen Bereinigung im Vordergrund
steht. Die Vorgänge im Auslandsdeutschtum haben gezeigt,
daß die Ausstrahlungen des Nationalsozialismus dort zur
Zerstörung der an und für sich vorhandenen Volksgemeinschaft geführt haben. (Mit Ausnahme der Tschechoslowa-
kei gab es im Auslandsdeutschtum keine Parteien.) Der Na-

tionalsozialismus hat dort zu schweren Parteizerklüftungen geführt und vorläufig die Volksgemeinschaft zerstört. Darüber hinaus können wir beobachten, daß die Führer der revolutionären Bewegungen bei den Auslandsdeutschen dazu neigen, mit dem Wirtsvolke, welches bisher als der einzige Gegner empfunden wurde, zu paktieren gegen die eigenen Volksgenossen. Es werden hier Konzessionen gemacht, um im eigenen Volkstum an die Herrschaft zu kommen. Dadurch wird die Gesamtwiderstandskraft des deutschen Volkes geschwächt. Die Außenpolitik des deutschen Reiches ist dieser Dynamik weitgehend gefolgt. Der Vertrag mit Polen[3] wird von den Deutschen in Polen als Niederlage des gesamten deutschen Volkes empfunden, weil für die Minderheiten nichts eingehandelt wurde. Auch in den letzten Reden nationalsozialistischer Führer klingt die Kampfparole vor, aber nicht nach außen, sondern nach innen.[4]

Da das deutsche Volk aber vor unmittelbare Aufgaben gestellt ist, so gilt es, die Front nach außen unter allen Umständen herzustellen. Dies kann niemals durch Kampf nach innen und Friedensparolen nach außen geschehen. Die Richtung der Parolen müßte genau umgekehrt sein. Die Volksgemeinschaft bildet sich immer an der Berührung mit volksfremden Elementen, nicht im inneren Kampf. Wenn auch eine scheinbare Einigkeit nach außen besteht, (Volksabstimmung vom November[5]) so muß der objektive Beobachter feststellen und befürchten, daß unter den ununterbrochenen Kampfparolen nach innen und Friedensrufen nach außen eine Entpolitisierung des deutschen Volkes im außenpolitischen Sinne sich vollzieht. Es besteht die Gefahr, daß weite Bestandteile des deutschen Volkes psychologisch in eine Front mit dem außenpolitischen Feind gedrängt werden. Wenn der Staat von 1919 die nationalen Kräfte vernachlässigte und bekämpfte, so gab er ihnen immerhin als Äquivalent für ihre freiwilligen Opfer an den Grenzen die Möglichkeit innenpolitischer Freiheit und Opposition. Die gänzliche Unterdrückung jeder Opposition, ja ein gewisser Ausschluß aus der Volksgemeinschaft jedes Deutschen, der sich zum heutigen Regime nicht bekennt, erleichtert in bedenklicher Weise die Laxheit der Empfindungen des Einzelnen gegenüber dem äußeren Feinde.

Zusammenfassend läßt sich sagen, daß die außenpolitischen Energien des deutschen Volkes durch die Dynamik der nationalsozialistischen Revolution zur Zeit geschwächt werden, und die wahre Volksgemeinschaft, die auf freiwilligem Kampfwillen gegenüber dem äußeren Feinde beruht, bedroht ist.

Anmerkungen

1 Der Begriff wurde in Deutschland als synonym für »Eugenik« verwendet und bezog sich nicht auf Rassen im Sinne biologischer Unterarten, sondern auf die menschliche »Vitalrasse«. »Rassenpflege« in diesem Sinn wurde während der Zwischenkriegsjahre von einer breiten Koalition bejaht, bezeichnenderweise wurden die ersten entsprechenden Gesetze des NS-Staates sogar vom sozialdemokratischen Exil begrüßt.

2 Jung bezieht sich hier auf die Pariser Commune, die nach dem Zusammenbruch des Kaiserreichs daran ging, einen »Volkskrieg« gegen Deutschland zu organisieren, der gleichzeitig als Fortsetzung der Revolution mit anderen Mitteln galt.

3 Gemeint ist der deutsch-polnische Nichtangriffspakt vom 26. Januar 1934, der in den nationalen Kreisen Deutschlands auf fast einhellige Ablehnung stieß.

4 Jung spielt damit offenbar auf den Konflikt zwischen dem SA-Chef Ernst Röhm und Hitler beziehungsweise Himmler, Göring, Goebbels an.

5 Jung bezieht sich hier auf die Volksabstimmung vom 12. November 1933, mit der Hitler den schon am 14. Oktober 1933 vollzogenen Austritt aus dem Völkerbund durch ein Plebiszit bestätigen ließ, bei dem – nach offiziellen Angaben – 95 Prozent der Entscheidung zustimmten.